„Die Fähigkeit, glücklich zu leben, kommt aus einer Kraft, die der Seele innewohnt."

(Marc Aurel)

www.tredition.de

© 2020 Magnus F. Barghorn, Heike Jacobsen

Verlag und Druck: tredition GmbH, Halenreie 42, 22359 Hamburg

ISBN

978-3-347-19701-5 (Paperback)
978-3-347-19702-2 (Hardcover)
978-3-347-19703-9 (e-Book)

Druck in Deutschland und weiteren Ländern

Magnus F. Barghorn, Heike Jacobsen

Mitten drin.
Der Lebensunternehmer
Magnus F. Barghorn
– ganz privat

Barghorn

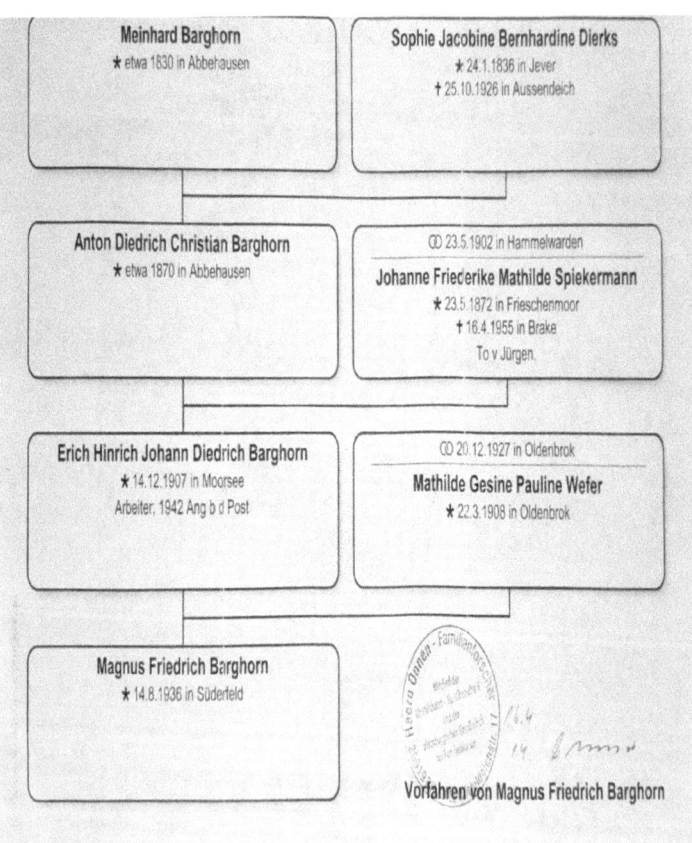

Meinhard Barghorn	Sophie Jacobine Bernhardine Dierks
★ etwa 1830 in Abbehausen	★ 24.1.1836 in Jever † 25.10.1926 in Aussendeich

Anton Diedrich Christian Barghorn	∞ 23.5.1902 in Hammelwarden
★ etwa 1870 in Abbehausen	**Johanne Friederike Mathilde Spiekermann** ★ 23.5.1872 in Frieschenmoor † 16.4.1955 in Brake To v Jürgen.

Erich Hinrich Johann Diedrich Barghorn	∞ 20.12.1927 in Oldenbrok
★ 14.12.1907 in Moorsee Arbeiter, 1942 Ang b d Post	**Mathilde Gesine Pauline Wefer** ★ 22.3.1908 in Oldenbrok

Magnus Friedrich Barghorn
★ 14.8.1936 in Süderfeld

Vorfahren von Magnus Friedrich Barghorn

Vorwort

Als ich wieder einmal von alten Zeiten erzählte, meinte einer meiner Freunde, das müsse unbedingt aufgeschrieben werden. Zunächst schien mir das abwegig, irgendwie begann mir aber die Sache im Kopf herumzuschwirren. Eines Tages sah ich im Keller all die Kartons mit alten Akten durch, die man so als Geschäftsmann aufzubewahren hatte, und entdeckte darin auch viel Privates, z.B. Zeitungsberichte von mir als Jüngling in Badehose. Auf einmal fand ich es gar nicht mehr so übel, wenn eines Tages meine Ururenkel nachlesen könnten, wo ihr Ururopa herkam und was er so alles auf die Beine gestellt hat. Und als meine Enkelin Sarah mir das Buch „Opa, erzähl mal" schenkte, wusste ich, dass sich meine Nachkommen auch wirklich für mein Leben interessieren. Gemeinsam mit Frau Dr. Jacobsen entstand so dieses Porträtbuch. So, wie mir das Erzählen Freude gemacht hat, so wünsche ich Euch viel Freude beim Lesen!

Herzlich, Magnus F. Barghorn

Vorspann

„Sie sind mir vom ersten Moment an sympathisch. Wann können Sie kommen?", fragt Magnus F. Barghorn ungeduldig, bevor wir überhaupt am Telefon über seine Wünsche, Vorstellungen, Fragen zum Buchprojekt und die Konditionen gesprochen haben. Er weiß, was er will, und wie er es erreicht.

1.

Ich besuche ihn in seiner schönen Villa. Trotz seiner 84 Jahre und der gemütlichen Statur geht er leichtfüßig voran. Wir sitzen im Wintergarten mit Blick auf den großen Garten: linker Hand ein Teich, gegenüber der Swimmingpool, weiter hinten ein hübscher Tee-Pavillon mit drehbarem Glasrondell und der Durchgang zum Bootssteg am Seitenarm der Weser, eine friedliche Idylle, die er mit seinem Enkel Bennet teilt. Magnus F. Barghorn trägt einen hellblauen Pullunder über dem kurzärmligen weißen Hemd und rote Schuhe. Der erste Eindruck: vital, sonnig, klar. Er spricht schnell, im leicht wiegenden Singsang Braker Mundart. Die Haushälterin serviert Kaffee und Kekse und verabschiedet sich.

Magnus F. Barghorn hat fünf Kinder und sieben Enkel, seit 20 Jahren ist er geschieden, mit seiner Exfrau verbindet ihn noch eine sehr gute Freundschaft, erzählt er. „Ich hab mir viel vorgenommen im Leben, immer realisierbare Ziele gesetzt, und ich konnte sie alle umsetzen. Das ist das große Thema, das über allem steht: Man muss sich Ziele setzen, sie umsetzen und vor allem nicht aufgeben. Du musst was tun, sonst wirst du keinen Erfolg haben."

Diese Botschaft zu vermitteln ist ihm wichtig. „Ich möchte, dass meine Enkel und Urenkel das Buch lesen. Ich hätte gerne etwas von meinen Großeltern gewusst und weiß leider nichts. Es gab keine Fotos, keine Muße zum Erzählen, es wurde viel geschwiegen." Von seiner Enkeltochter Sarah, die jetzt in unmittelbarer Nähe des Hauses, in dem er als Kind aufwuchs, lebt, erhielt er zum Geburtstag das Buch „Opas Erinnerungsbuch", ein Arbeitsbuch zum Reinschreiben. „Daran sieht man doch, dass der Bedarf da ist", meint er und zeigt mir die ersten Seiten, die er bereits ausgefüllt hat. „Ist das Ihre Schrift?", erkundige ich mich angesichts der wie gemalt aussehenden Druckbuchstaben. „Ja, und das mit 84", antwortet er stolz. Als Ingenieur musste er früher viel von Hand zeichnen, das liegt ihm noch im Blut. Er überreicht mir eine Mappe mit Kopien und Zeitungsartikeln, die er vorbereitet hat, um mir einen Eindruck von seinem bewegten Leben zu geben.

„Gunnar hat mit Ihnen gut gearbeitet, daraufhin hab ich gedacht, Mensch, dann gib mir mal die Anschrift, dann will ich mich da auch mal melden. Mein Leben ist noch dreimal interessanter als Gunnars. Und wenn alles stimmt, dann können wir im nächsten Jahr vielleicht noch die Firmenchronik machen", erzählt er. „Drei Bücher würde ich für richtig halten: vom Schwiegervater, dem Gründer, 1941 bis 1971, meine aktive Zeit von

1971 bis 2001 und Gunnars ab 2001, kurioserweise sind es bei allen 30 Jahre. Gunnar darf dann 2031 aufhören. Wir sind gut klargekommen, aber uns trennen Welten als Unternehmer", betont er.

Nach Gunnars Eintritt ins Unternehmen war Magnus F. Barghorn noch einige Jahre beratend tätig, beide arbeiteten parallel, bis die Meinungen zur richtigen Unternehmensführung so weit auseinandergingen, dass sie ständig Streit hatten. Er deutet mit dem Daumen nach unten. „Gunnar ist ein kluger Mensch und kann besonders gut Vorträge halten –, aber er ist kein typischer Unternehmer. Ich sag das wertfrei, er hat einfach andere Prioritäten." In der vierten Generation seiner Enkel sieht Magnus F. Barghorn bisher niemanden, der das Format zeigt, das Unternehmen zu übernehmen.

Woher er das Format hat? „Das fragen sich viele. Das geht schon bei meinem Namen los", lacht er, „alle hatten normale Namen, nur ich diesen außergewöhnlichen."

Magnus Friedrich Barghorn wurde am 14. August 1936 in Süderfeld geboren und wuchs als mittleres von 10 Kindern mit vier Schwestern und fünf Brüdern auf. Sein Vater war Arbeiter und ab 1942 Postbeamter, was der Familie zu weiterlaufendem Gehalt verhalf, auch als dieser kurz vor Kriegsende zur Wehrmacht eingezogen wurde und fünf Jahre lang in russische Kriegsgefangenschaft kam. „Er kam 1950 erst ganz krank wieder, in der ganzen Zeit hat meine Mutter uns 10 Kinder alleine großgezogen, eine ungeheure Leistung, vor der ich große Achtung habe."

Die Familie stammt mütterlicher- wie väterlicherseits aus der Landwirtschaft, eine zweite gute Grundlage neben den Beamtenbezügen, um während des Zweiten Weltkriegs keine Not zu leiden. Keine Flucht, keine Vertreibung, kein Hunger, keine Angst vor Bombenangriffen, denke ich, das Leid des Zweiten Weltkriegs scheint Magnus F. Barghorn als Kind nicht unmittelbar traumatisiert zu haben. Aber seine Mutter starb bereits mit 60 Jahren, erschöpft, verbraucht, abgearbeitet.

„Das kann man nur verstehen, wenn man weiß, dass sie sechs Jahre lang alleine war mit 10 Kindern, das jüngste war noch ein Baby, der älteste war 18", erklärt er. „Da mussten wir alle mithelfen, aber sie hat es geschafft." Arbeit und Spiel waren eins. „Ich erinnere mich, dass wir Torf stechen mussten, den wir zum Heizen gebraucht haben. Irgendwo waren immer Pflichten: Schule, Arbeit, Hausaufgaben am Küchentisch, Sport, Fußball im Verein, Schwimmen im Fluss", erzählt er. Der Vater hatte vorm Krieg ein Haus gekauft und wir bewirtschafteten außer einem großen Garten neben dem Haus noch 3000 Quadratmeter gepachtetes Land mit Kartoffeln und Gemüse. Mittags gab es Eintopf, der am nächsten Tag verlängert wurde.

1942 zog die Familie vom Land nach Brake, Magnus wechselte von der nur einklassigen Volksschule, in der alle Jahrgänge gleichzeitig unterrichtet wurden, auf eine Schule in der Nähe mit erster, zweiter, dritter Klasse, für ihn schon eine ganz andere Welt. Sein Ehrgeiz, unter Gleichaltrigen der Beste zu sein, war geweckt.

Was er vom Krieg mitbekommen hat? „Eigentlich weniger, wenn Flugzeuge kamen, sind wir rausgelaufen und wollten das sehen. Wir haben hier einen großen Hafen an der Weser, als der einmal angegriffen wurde, hat Mutter uns in den Keller gescheucht. Da waren Holzbalken drüber, das war auch ein Witz, was soll das?", amüsiert er sich. Angst kannte er nicht. Die schönste Erinnerung an seine Eltern: „Es gab kein Fernsehen, kein Telefon, nichts. Als Kleinkind habe ich die Abendstimmung genossen. Meine Mutter saß vorm Haus und stopfte oder strickte, mein Vater musizierte auf der Quetschkommode. Meine Eltern haben eine tolle Ehe geführt, diese Harmonie spürst du als Kind, und diese Stimmung hab ich aufgesogen. Ich bin extra morgens um sechs aufgestanden, um mit Mutter und Vater alleine zu frühstücken, um sieben kam dann die ganze Bagage." Diese Geborgenheit trägt.

Was ihn seit der Kindheit angetrieben hat, war

der starke Wille, durch eigene Arbeit weiterzu-
kommen, ein Wert, den seine Eltern ihm vorgelebt hatten und den Magnus von der Hände Arbeit auf das Arbeiten mit dem Kopf ausweitete.

„Ich hatte mir ganz früh Ziele gesetzt und konnte
sehr gut lernen, völlig ohne Druck, aus eigenem
Antrieb und mit enormer Neugier", erinnert er
sich. Drei bis vier Kinder teilten sich ein Zimmer,
Magnus hatte eines ganz für sich allein. Fast wie
ein Einzelkind inmitten der großen Kinderschar
verstand er es, seinen eigenen Weg zu gehen,
sich auf sein Zimmer zurückzuziehen, um für die
Schule zu lernen, während seine Geschwister
der Mutter noch bei der Arbeit halfen. „Auf dem
Nachhauseweg von der Feldarbeit fing ich schon
laut an zu stöhnen: ‚Wir schreiben morgen eine
Arbeit, und ich muss noch so viel lernen ...'" Er
lacht verschmitzt. „Das stimmte gar nicht." „Ja,
mein Junge, dann geh du mal in dein Zimmer",
erlaubte ihm dann seine Mutter. Manchmal musste sie ihn kurz vor Mitternacht daran erinnern,
dass Schlafenszeit war.

Seine Geschwister akzeptierten seine Sonderrolle, blickten sogar voller Stolz auf ihn. „Der schafft es mal, hier rauszukommen. Er kommt im Leben weiter", hieß es. Und er schaffte es. Bei 10 Kindern und wenig finanziellen Mitteln erlaubte der Vater keinem Kind, das Gymnasium zu besuchen, das damals noch Schulgeld kostete. Jeder musste nach dem Volksschulabschluss eine Lehre machen. Magnus F. Barghorn absolvierte seine Lehre als Schiffbauhandwerker auf der Lühringwerft, einer Schiffswerft, dessen Besitzer mit den Worten: „Herr Barghorn, der Junge muss studieren" zu seinem Vater kam und Magnus seine Unterstützung anbot. „Ich wollte aber nichts geschenkt haben. Nach meiner Lehre 1955 war die Werft ohne Aufträge. Arbeitslosigkeit war kein Thema für mich, ich brauchte Geld fürs Studium."

Manchmal hilft im Leben auch der glückliche Moment, wenn wir wach den Zufall ergreifen. Magnus F. Barghorn hatte früh Schwimmen gelernt und war mit 16 bereits Rettungsschwimmer beim DLRG. Fast seine gesamte Freizeit verbrachte er am Badestrand auf dem Harriersand, einem Naherholungsgebiet auf der Flussinsel in der Weser. Dort wachte er an den Badestellen und kam mit dem neuen Pächter der Strandhalle ins Gespräch:

„Herr Barghorn, arbeiten Sie nicht?"

„Nein, ich suche gerade Arbeit."

„Wollen Sie nicht nach Bad Zwischenahn?"

„Was soll ich denn da?"

„Die Gemeinde sucht gerade einen Schwimm-meister."

Gesagt, getan. Obwohl Magnus damals noch nicht 21, also noch minderjährig war, begeisterte ihn die Idee, war er doch immer sehr sportlich. Kurzerhand stellte er sich dort vor und bekam den Posten, ließ sich außerdem noch voraus-schauend zusichern, dass er Nebenverdienste haben dürfte. „Heute unvorstellbar, sieben Tage Arbeit, mindestens 10 Stunden, aber Geld ohne Ende verdient", schwärmt er. „Dann hab ich na-türlich noch Schwimmunterricht gegeben, Wasserskifahren und Segeln unterrichtet und bei schlechtem Wetter auf den Fahrgastschiffen als Fremdenführer ausgeholfen." Er muss heute noch lachen, wenn er sich daran erinnert, welche Märchen er als Ortsfremder den Touristen über Namen und Geschichte der Sehenswürdigkeiten aufgetischt hat. „Das hatten sie doch spätestens im Bus schon wieder vergessen", lacht er.

Nach Saisonende ging er nach Bremen und nahm eine Stelle bei der AG Weser, einer der größten Schiffswerften Deutschlands, an. Abends nach der Arbeit setzte er sich wieder an die Bücher und holte seine Hochschulreife nach, um seinem Ziel zu studieren näherzukommen. Nach einem Jahr im Blaumann auf der Werft fragte man ihn wegen seiner schönen Schrift, ob er nicht Lust zu zeichnen hätte – ein Aufstieg ins Büro. Sein Vorgesetzter dort war Vorsitzender des Schwimmvereins BSV Bremen, wieder ein glücklicher Zufall für Magnus F. Barghorn. „Ich bin dann für den Verein geschwommen, im Sommer sorgte er dafür, dass ich wieder nach

Bad Zwischenahn konnte. Und im Winter hat er mich wieder eingestellt. Hab mal so ein Glück", freut er sich.

Die Verlobung mit seiner damaligen Liebsten scheiterte daran, dass ihre Eltern von Magnus erwarteten, Kaufmann zu werden, um in den Schlachtbetrieb der Familie einzusteigen. Das war nicht sein Weg, er wollte Schiffe bauen. „Dann ging das Verhältnis kaputt, aber ich war ja im Sommer immer wieder da, und dann blühte das wieder auf." Er lächelt.

Mit seinen Ersparnissen aus beiden Jobs konnte Magnus sein Studium finanzieren. 1957 hätte er sich einschreiben können, log aber beim Hochschultermin, er könnte noch nicht zu Semesterbeginn dabei sein. „Ich wollte einmal noch nach Bad Zwischenahn. Das war ja der Traumjob! Immer die hübschen Mädchen vor allem." Ein Schwerenöter, der es faustdick hinter den Ohren hat. Bad Zwischenahn war damals noch nicht so touristisch erschlossen wie heute. „Da wurden im Winter die Bürgersteige hochgeklappt. Ich hab mit wahnsinnig schönen Veranstaltungen vor Publikum zur Entwicklung beigetragen: Fackelschwimmen, Turmspringen, ich bin wie ein Tiger durch einen brennenden Reifen gesprungen. Das kam wahnsinnig gut an. Ich kannte keine Hemmungen", schmunzelt er. Und so setzte er sich auch im Studium durch, in den Semesterferien genoss er die Saison in Bad Zwischenahn, verdiente gutes Geld, kam ein, zwei Wochen zu spät an die Hochschule zurück und holte den versäumten Stoff mit gewohntem Fleiß schnell nach. Seine Wangen glühen rosig, als er mit leuchtenden Augen sagt: „Diese ganzen Sommer waren meine inhaltsreichste Zeit im Leben." Ich sehe ihn förmlich vor mir, Anfang Zwanzig, sportlich durchtrainiert, in weißer Schwimmmeister-Montur, furchtlos, charmant. Er wohnte mitten im Kurpark, hatte oben im kleinen Café eine Wohnung für sich allein. „Da konnte ich schon Mädchen verführen, und keiner hat es gemerkt", amüsiert er sich.

Schon im Studium hatte Magnus F. Barghorn mit

einem Freund ein Ingenieurbüro gegründet. Für kleine Schiffe berechneten sie die Stabilität zur Klassifikation nach der Germanischen Lloyd Gesellschaft – ein TÜV für Schiffe sozusagen. „Ich musste ja Geld verdienen, das stand immer im Vordergrund", erklärt er. Besonders oft denkt er noch an eine Kapitänsfrau. Das Schiff ihres Mannes lief immer in Antwerpen ein und Magnus gab gerne den gut bezahlten Privatchauffeur. „Sie hatte keinen Führerschein, und war sehr zufrieden."

1961 erreichte Magnus ein weiteres großes Ziel: sein Examen als Schiffbau-Ingenieur an der Hochschule Bremen. Er bewarb sich nach Lübeck, wo im Ingenieur Kontor Lübeck (IKL) U-Boote konstruiert wurden. „Da hab ich die ersten U-Boote aus antimagnetischem Stahl für Norwegen gezeichnet", erzählt er stolz. „Mit meinem dortigen Chef, Dr.-Ing. Abels, verbindet mich dass er auch in Brake geboren wurde, in Bad Zwischenahn lebte und in Lübeck arbeitete – ein glücklicher Zufall." Statt seine Stelle sofort anzutreten, dachte er sich: Du warst so glücklich in Bad Zwischenahn – versuch doch noch einen Sommer dort hinzukommen. „Ich hab auf viel Geld verzichtet, nur um da noch mal zu sein. Was man da für Lebensinhalte hatte und für wunderschöne Stunden verbracht hat." Er gerät ins Schwärmen, lächelt versonnen. Bei seinem neuen Arbeitgeber entschuldigte er sich für zwei Monate und folgte an erster Stelle seiner Herzenssehnsucht. „Mit meinem Examen in der Tasche und einem guten Gehalt in Aussicht hab ich noch mal bis September Schwimmmeister für ein Drittel des Geldes gemacht. Aber das blieb in Erinnerung." Was daran so besonders schön war? „Na, die Frauen!", entfährt es ihm spontan. „Ich stand braungebrannt und weißgekleidet für alle Frauen am Beckenrand auf dem Präsentierteller, sie hatten viel Zeit im Urlaub, und mit denen konntest du alles machen ..." Wir amüsieren uns köstlich. „Das gilt heute noch: Zeit für Frauen haben, dann gewinnst du sie immer", weiß er.

Nach zwei Jahren bei IKL wuchs seine Unzufriedenheit, Magnus F. Barghorn konnte sein Ziel, mit einer Führungsposition an die Spitze aufzusteigen, nicht verwirklichen. „Das war alles zu groß, zu unübersichtlich und zu spezialisiert." Wo er nicht weiterkam, konnte er nicht bleiben. Er erinnerte sich an einen Werftbesitzer in Emden, dessen Kind er in Bad Zwischenahn Schwimmunterricht erteilt hatte, nahm den Kontakt wieder auf und fragte unverblümt, ob der eine Aufgabe für ihn hätte. Es fügte sich alles gut. Die Schiffswerft Schulte und Bruns entwickelte gerade die Idee, moderne Hecktrawler zu konstruieren. „Er hielt mich für kreativ genug, mir diese Aufgabe zuzutrauen. Ich wusste gar nicht, wie so ein Ding arbeitet, deshalb durfte ich erst mal drei Monate auf Fischfang mitfahren. Aber die Unwetter auf der Nordsee haben mich gar nicht aus der Koje hochkommen lassen, so seekrank war ich."

Magnus F. Barghorn arbeitete erfolgreich an der Entwicklung des Hecktrawlers mit, bis sein Leben durch einen Besuch bei seinen Eltern in Brake wieder eine neue Richtung nahm: „Ich wollte mir ein neues Auto kaufen und hatte da einen schnittigen VW Karmann Ghia im Blick, der kam auch gut bei den Frauen an." Wir lachen laut auf. „Das hat mir Spaß gemacht. Ich hab es immer ehrlich gemeint und bin mit allen im Guten auseinander gegangen. Der Trick dabei: Ich hab mich so verhalten, dass die Frauen immer mit mir Schluss gemacht haben, nicht umgekehrt", amüsiert er sich. Den Autoverkäufer kannte er von früher, er zeigte ihm ein Modell in Weiß, das ursprünglich als Geschenk für die Tochter des Autohändlers reserviert gewesen war, bevor sie einen Totalschaden an einem anderen Wagen verursacht hatte. „Wenn Herr Böning das Auto seiner Tochter versprochen hat, muss er sein Wort auch halten", meinte Magnus. Kurzerhand rief der Verkäufer die Tochter an und bat sie ins Geschäft. „Wir schließen einen Kompromiss", schlug Magnus der 18-Jährigen vor, „Sie bekommen Ihren Wagen, dafür setze ich mich bei Ihrem Vater ein, aber bis mein Auto geliefert wird, müssen Sie mich am Wochenende ausfahren." Er lacht schelmisch. „Hat sie gemacht, wir hatten ähnliche Interessen, sie ging auch gern schwimmen, und so kamen wir zusammen. Sie wurde meine Frau." Die große Liebe? „Hab ich im ganzen Leben nicht erlebt. Vielleicht wegen der Vielzahl, ich meinte immer, dass es noch eine Steigerung geben könnte. Die ganz große Liebe war es nicht, aber wir mochten uns sehr gern." Das macht mich traurig zu hören. „Ich hab mit Lilo wirklich schöne 25 Jahre gehabt, tolle Urlaube mit den Kindern gemacht."

1971 übernahm er vom Schwiegervater Fritz Böning seine Firma, die er verkaufen und ganz neu bauen wollte. Die Hallen waren zu klein für den Bereich Stahlhochbau und Hallenbau, Gewerke, die Magnus F. Barghorn ins Unternehmen eingebracht hatte. Er wollte eigene Ziele verwirklichen, selbst etwas erreichen, setzte sich gegen den Widerstand Bönings durch. „Nach zwei Jahren Spannungen haben wir uns doch wieder angefreundet, und er hat groß angegeben, weil das der Hammer war!", erzählt er stolz. „Für eine Million DM verkauft, für sieben Millionen da draußen im Gewerbegebiet gebaut, und das lief gut. Es ging alles aufwärts, ich hab auch da Geld gehabt und alle gut versorgt."

Die Ehe zerbrach, als ein außereheliches Kind, Rebecca, geboren wurde. „Das war nicht gerade das, was man in einer Kleinstadt machen darf", lächelt er. „Ich hab Lilo gesagt, dass ich zu dem Kind stehe, und ihr versprochen, dass ich mit der Frau nicht zusammenleben werde." Die Verletzung war dennoch zu groß. Lilo zog aus und wohnte 15 Jahre lang in Bad Zwischenahn, beide blieben auch im Sinne der gemeinsamen Kinder freundschaftlich miteinander verbunden. „Das haben wir gut geschafft. Ich konnte Frauen nie widerstehen, das war mein Fehler, aber ich bedaure nichts."

Nach Susanne und Gunnar kamen noch Hanno und Annette. Hanno war das Sorgenkind der Familie, vermutlich, da die Schwangerschaft anfangs nicht bemerkt wurde und Lilo Tabletten genommen hatte. „Hanno ist ein sehr lieber Kerl.

Aber einmal hörte ich, wie er hier am Beckenrand sitzend zu sich selbst sagte: ‚Ich wollte, ich wäre gar nicht geboren.' Das ist so in ihm, er war nicht erfolgreich, hat natürlich sehr unter unserer Trennung gelitten und den Halt verloren. Im Internat ist er drogensüchtig geworden, nach der Lehre in vier Betrieben, für die ich meinen Einfluss als Unternehmer geltend gemacht habe, konnte er nie Fuß fassen. Heute versucht er in Frührente zu gehen. Unendlich schade, ihn hätte ich gerne ins Unternehmen integriert."

Susanne ging ins Hotelfach, Gunnar übernahm das Unternehmen, Annette übernimmt Verantwortung im Saunabetrieb des Olantis, Rebecca wurde Dozentin. Er ist stolz auf seine Kinder. Jedes Kind erhielt ein eigenes Haus, Rebecca eine Abfindung. Man könnte denken, Magnus F. Barghorn ist in einer glücklichen Zeit groß- und erfolgreich geworden. „Ich weiß es nicht, andere gingen auch damals schon pleite", sagt er rückblickend. „Aber mit dem Geld, das ich verdient habe, habe ich zum Beispiel den Fußballverein, die Kinderdörfer und die Krebshilfe unterstützt."

Wir trinken Kaffee, schweigen gemeinsam. „Ich könnte immer so weiter erzählen, auf jeden Fall ist das Leben schön", sagt er lächelnd. „Ich habe alle meine Ziele erreicht und bin zufrieden. Es ging immer nur aufwärts." Nur eine Frau an seiner Seite vermisst er, nach Lilo ist nie wieder jemand auf Dauer bei ihm eingezogen. Schnell wischt er die aufsteigende Wehmut vom Tisch: „Na, die hätte auch was auszuhalten, wenn man so lange alleine lebt, wird man ein Eigenbrötler. Einmal hatte ich oben eine Frau in der Wohnung, mit der hatte ich auch ein Verhältnis, aber das ging nicht gut. Viele waren nur aus materiellen Gründen an mir interessiert." Noch mal eine Familie gründen wollte er nicht, eine Frau auf Augenhöhe für ein Leben zu zweit fand er nicht. So lenkt er den Blick auf seinen materiellen Reichtum, das Haus, den Garten, das Schwimmbad – ein großes materielles Erreichnis, wenn ich mir den kleinen Magnus vor Augen führe, der alleine im Zimmer gelernt hat, um das Leben durch Arbeit, Köpfchen und Chuzpe zu meistern. Das tut mir leid. Denn er ist ein spürbar liebevoller Mensch, der vielleicht die große Liebe rastlos gesucht und nie gefunden hat.

„Ich wünsche mir nur, noch ein paar Jährchen gesund zu sein und dann – Schlag und weg", sagt er leise. „Ich bin 84 und rundherum dankbar und zufrieden. Ich finde es wichtig, etwas vorzu-haben, wenn ich morgens aufwache." Fast 20 Jahre ist sein Austritt aus der Firma her. „Ich hab Gunnar noch zehn Jahre beraten, was eigentlich Scheiße war", erklärt er freimütig und lacht herz-haft. Offensichtlich laufen die Nachfolgen im Un-ternehmen nicht reibungslos, wenn man an seine eigenen Streitigkeiten mit seinem Schwiegervater über die Neuausrichtung bei Böning denkt. Viel-leicht wollte auch Gunnar „sein Ding machen", etwas Neues ins Unternehmen und in die Welt bringen. Wie Magnus F. Barghorn es sieht: „Er hat ja dann die Firma derart verändert, von neun auf zwei Gewerke. Das Unternehmen besteht heute aus der Immobilie und den Betrieben. Die

Immobilienfirma gehört den Kindern und vermietet inzwischen an andere Unternehmen. Mit seinem Betrieb kommt Gunnar inzwischen wieder zurecht und macht leichten Gewinn. Das war ihm alles anfangs zu groß – nicht vom Kopf her, sondern von seiner Einstellung zum Leben her", meint er.

Dass Gunnar ein Bedürfnis nach Freizeit, Privatleben, Urlaub hat, bewertet er als nicht ganz Unternehmer-gemäß. „Was uns ganz klar unterscheidet: Ich hab meinen Schwiegervater bewundert aufgrund seines Erfolges und gerne seinen Rat angenommen. Zu seiner Firma hab ich nur meinen Bereich dazu beigetragen. Gunnar hätte mich bewundern können aufgrund meines Erfolges, aber er wollte alles anders – er hat mich wohl beneidet", resümiert er. „Ich hätte mir nur gewünscht, dass eines meiner Kinder oder Enkel erfolgreicher als ich geworden wäre. Da hatte ich wohl die Messlatte ein bisschen hoch gelegt", schmunzelt er.

„Gunnar hat früh gesagt, dass er ins Unternehmen einsteigen will, vielleicht war es ein Nachteil, dass ich die Erziehung zu 100 Prozent Lilo überlassen habe. Was wusste ich denn von meinen Kindern?" Geschont hat er sich nie. Familie, Firma, Sport, ein umtriebiges Leben. „Zu Hause war ich eher zu Besuch. Ich konnte als Unternehmer meine Ideen verwirklichen, hab 1976 den allerersten Kunstrasen für Fußballvereine in Deutschland hier nach Brake geholt und selbst verlegt. Dafür haben Leute Urlaub genommen, und ich war mitten drin im Overall, hab mitgearbeitet und Kaffee und belegte Brötchen organisiert. Wenn Sie mal meinen Namen googlen, werden Sie einiges erleben."

Sein Erfolgsgeheimnis dabei: Charme, Ehrlichkeit, Hilfsbereitschaft, Kontaktfreude, Nahbarkeit. Das Telefon hatte er für Kunden-Notdienste auch nachts am Bett liegen, die Kunden hatten immer den direkten Draht zum Chef. Er erinnert sich an einen Arzt aus dem Ort, bei dem ausgerechnet an Heiligabend die Heizung ausfiel. „Sein Heizungsbauer wollte lieber gemütlich Weihnachten feiern und empfahl ihm, sich Heizlüfter zu kaufen. Als er ganz schüchtern bei mir anrief, bin ich zu meinem Heizungsbaumeister gefahren und bat ihn, seiner Familie klarzumachen, dass wir da helfen müssten und in einer Stunde alle wieder zu Hause sein würden. Wir sind da hingefahren, haben die Störung beseitigt, und von da an hat dieser Arzt uns jedem weiterempfohlen. Das ist Werbung, die kannst du nicht mit der Zeitung machen."

Ein Unternehmer, der nur als Büromensch Direktiven erlässt, war er nie. Er war ganz nah bei den Menschen, immer mittendrin. Mit Brötchen oder Butterkuchen im Wagen fuhr er auch mal samstags auf eine Baustelle, um die Probleme vor Ort lösen zu helfen. Er ist bekannt und beliebt. Jahrelang lud er die größeren Kindergartenkinder in sein Schwimmbad ein. „Die gingen dann schon mit dem Seepferdchen in die Grundschule", freut er sich.

Seine Vitalität schreibt er dem Sport zu, von dem ihm nach dem Einsetzen eines Herzschrittmachers noch das Schwimmen geblieben ist. „Ich trinke nicht und hab noch nie geraucht, daran ist eindeutig mein Vater schuld. Bei ihm hab ich die Sucht gesehen, er musste bei Mutter um Haushaltsgeld zum Tabakkaufen betteln und hat sogar auf einem Teil des Ackers Tabak angepflanzt. Ich wollte nie so hilflos werden, nicht mehr über mich selbst bestimmen zu können." Zu Hause und in der Verwaltung verhängte er absolutes Rauchverbot.

Er legt mir unseren Vertrag vor und fragt nach meiner Bankverbindung für eine Anzahlung, ganz aufmerksamer Geschäftsmann. „Ich lade Sie zum Essen ein, das Lokal führt übrigens meine Ex-Frau Lilo. Sie hat beim Generationswechsel im Unternehmen eine Laudatio auf mich verfasst. Das kann man gar nicht besser schreiben", sagt er anerkennend. Zu beiden Schwiegereltern hatte Magnus F. Barghorn ein enges Verhältnis. „Als meine Mutter 1972 starb, da hab ich zum ersten Mal im Leben geheult, so nah ging mir das. Ich kam nach Hause, und meine Schwiegermutter fand die einzig richtigen Worte: ‚Nun wein mal nicht, du hast ja noch uns.' Ab dem Moment konnte ich zu meinen Schwiegereltern Mutter und Vater sagen", erinnert er sich.

Menschen führen, Leute begeistern, ihnen etwas vorleben, dass sie mitziehen – dieses gewisse Etwas hat Magnus F. Barghorn einfach. Woher er das kann? „Dafür gab es keine Schulung, das sitzt einfach tief drin", denkt er. Er versteht es einfach, Menschen jeden Alters zu begeistern und zum Handeln zu bewegen, trifft den richtigen Ton, strahlt vertrauenswürdige Güte und Anstand aus. Mit seiner Exfrau wurde er sich einig: Wenn schon nicht miteinander, dann aber auch nicht gegeneinander, das war die Devise. „Seien Sie nicht kleinlich", riet ihm sein Prokurist bei der Scheidung. „Der Mann hatte Recht." Magnus nickt.

Er denkt nach. „Tja, was will ich eigentlich? Wenn meine Kinder, Enkel und Urenkel mal wissen wollen, wer Opa Magnus war, dann sollen sie das Buch lesen und erfahren: Meine Grundeinstellung ist immer positiv, unheimlich positiv, dass das Leben schön ist und dass man Rückschläge wie z.B. den Tod der Eltern hinnehmen und wieder aufstehen muss. Das Arbeiten, Erfinden, Machen, das war auch schön."

Stolz erzählt er davon, wie sie es geschafft haben, einen 14 Meter hohen Anker auf die Kirche zu setzen. „Den haben wir gebaut. Es kamen zwei Kräne, und trotz dieser Risiken dann davor zu stehen und sich zu sagen: War das nicht eine tolle Leistung?" Er liebt es, Herausforderungen zu meistern. Das sieht man ihm an. „Im Alter fällt es mir leichter, einfach festzustellen: Das Leben ist nicht unendlich, es ist endlich. Was bleibt? Je älter man wird, umso mehr lebt man in der Gegenwart. Ich kann jetzt schon sagen – und das ist nicht übertrieben –, dass ich das Gespräch mit Ihnen genieße, mit einer Frau, die zuhören kann, meinem Typ entspricht, dann ist alles gut. Dann sind das positive Stunden. Die nimmt uns niemand." Ich muss lachen. Respekt, alter Charmeur.

Er hat das Leben in vollen Zügen ausgekostet und steht dazu. Dennoch beneidet er Ehepaare, die gemeinsam alt werden, sich unterstützen und gegenseitig beheimaten. Dieses Idealbild hat er vor Augen, vielleicht seit seiner frühen Kindheit, als seine Eltern gemeinsam vorm Haus saßen. „Das war mir nicht vergönnt. Es ist so." Er weiß, dass morgen alles zu Ende sein kann, aber auch, dass er noch zehn Jahre das Leben genießen und an ihm teilnehmen kann.

Zurzeit ist er damit beschäftigt, in seinem Wohn- und Geschäftshaus in Rodenkirchen Renovierungen und Neuvermietungen zu kontrollieren. Außerdem lässt er sich gerne im Fußballverein sehen, um Ideen zu entwickeln, z.B. dafür, wie die neue Sitztribüne aufgebaut werden soll. Im so genannten Ruhestand fühlt er sich nicht. Ich spüre ein ruhiges Vertrauen, das er in sein Leben setzt, eine Zuversicht, die mich anrührt. „Ich habe Fehler gemacht, aber ich bedaure sie nicht, sondern sage mir, du hast es gelebt und nichts versäumt."

Was ihn im Leben trägt? „Ich finde es in Ordnung, wenn Menschen glauben und dadurch stark werden. Ich brauche das nicht. Ich hab meine Stärke selbst. An etwas Weiteres nach dem Tod glaube ich nicht. Es ist alles ein Kommen und Gehen. Damit bin ich total ausgesöhnt. Ich hatte die Kirchen als Kunden, da kann ich jetzt auch nicht mehr austreten", lacht er. In meinen Augen ist Magnus F. Barghorn ein Mensch, der völlig sicher in sich selbst ruht, um den andere wie um eine Sonne kreisen, und der es versteht, im Zentrum des Lebens zu sein – mitten drin.

Magnus F. Barghorn fährt uns in seinem Jaguar zum Culinaria, dem Restaurant seiner Exfrau Lilo, hält mir galant die Autotür auf. Der Wind weht schon etwas kühl auf der Terrasse, das macht ihm nichts aus, schwimmt er doch normalerweise im Oktober noch eine Stunde im Freien. Wir stärken uns bei Fisch mit Kartoffelsalat. „An der Küste muss man doch einfach Fisch essen", schwärmt er. Dreimal in der Woche kocht seine

Haushälterin Nadine, deren angenehmes Wesen er schätzt. Ansonsten isst er sehr gerne im Culinaria. Jeder, der an unserem Tisch vorbeikommt, kennt und grüßt ihn. Er erkundigt sich nach meinem Business und Werdegang, interessiert sich, hört aufmerksam zu. „Bewerber als überqualifiziert abzulehnen ist doch Quatsch. Ich habe mal einen Einkäufer eingestellt, der mit niedrigem Gehalt angefangen hat und so gut war, dass er in kürzester Zeit eine Gehaltserhöhung bekommen hat. Das muss ein Unternehmer auch können, nicht seine Mitarbeiter ausnutzen."

Wir sprechen über fehlende Wertschätzung in der Arbeitswelt – mein Motiv, aus dem heraus ich begonnen habe, das Leben und die Geschichten von Menschen durch Porträts zu würdigen. Dass ich es über acht Jahre ausgehalten habe, als sozialpädagogische Hilfskraft zum Niedriglohn für jugendliche Mädchen aus prekären Verhältnissen in der Inobhutnahme zu arbeiten, erstaunt ihn: „So lange haben Sie das durchgehalten? Das hätte ich nicht geschafft." Typisch für ihn – wo er nicht weiterkam, ging er kurz entschlossen weg, fand schnell eine neue Position. „Wie Sie hatte ich auch nie Probleme, die Sparte zu wechseln. Gegen meine Überzeugung arbeiten, nein. Das war nicht mein Ding", sagt er. „Wenn der Vorgesetzte eine Niete ist, dann musst du gehen. Ich wusste ganz früh, da hilft nur eins: Mach dich selbstständig."

Im Studium gefiel es ihm bereits, sein eigener Chef zu sein, diesen roten Faden hielt er fest in der Hand. „Statische Berechnungen als Selbstständiger zu machen war einfach: Du nimmst ein Zimmer deiner Wohnung als Büro, Zeichenbrett rein, Rechenmaschine rein, und dann legst du los." In dieser Phase seines Lebens lernte er Lilo kennen, fand sofort persönliche und berufliche Akzeptanz bei ihrem Vater, Fitz Böning: „Ich seh das Bild heute noch vor mir, er umarmte mich gleich beim allerersten Kennenlernen, ging über den Hof und zeigte mir stolz seinen Betrieb. Da ist gleich in mir der Gedanke geboren: Das machst du weiter", erinnert er sich. „Lilo schreibt dazu: ,Beide gingen Arm in Arm durch den Betrieb, und ich wie doof hinterher.' So treffend." Er lacht. Endlich war der Ingenieur gefunden, der nicht nur Schiffe, sondern auch große Hallen berechnen konnte, ein Glück für den Betrieb, der mit Magnus F. Barghorn den Stahlbau hinzugewann. „Ich habe in Hannover auch noch ein zweites Examen als Schweiß-Fachingenieur gemacht. Das konnten die anderen hier in ganz Wesermarsch nicht. Und das imponierte ihm natürlich." Während er noch in Emden beschäftigt war und an der Technikerschule als Dozent mehrmals in der Woche und samstagsmorgens Maschinenbau, Chemie und Werkstoffkunde unterrichtete, lieferte er Fritz Böning als Probearbeit statische Berechnungen für den Hallenbau. „Ich wäre auch ein sehr guter Lehrer geworden, habe immer gerne motivierte junge Leute gefördert, aber von der finanziellen Seite hätte mir das nicht gereicht", erzählt er. „Was bekommen Sie denn für Ihre Arbeit?", fragte Böning.

„Ich hätte gerne einen Kühlschrank für meine

Mutter, sie hat noch nie einen gehabt", antwortete der junge Magnus damals selbstlos.

„Diese Achtung vor meiner Mutter sitzt tief in mir. Die hat sich vielleicht gefreut!" Fritz Böning bat ihn daraufhin, abends Aufsicht auf der Baustelle zu führen, der gute Arbeitskontakt vertiefte sich immer weiter, während Magnus an den Wochenenden mit Lilo die Spritztouren im Auto genoss. „‚Schade, dass Sie Schiffbauer sind und kein Maschinen-/Stahlbauer', sagte Fritz Böning zu mir. Ich konterte: ‚Wo ist der Unterschied? Sie installieren Häuser, da ist der Kiel oben, beim Schiff ist der Kiel unten.' Den Vergleich fand er gut", amüsiert er sich.

Für Magnus F. Barghorn steht fest: „Ein guter Ingenieur muss eine Lehre gemacht haben. Der Praxisbezug ist unheimlich wichtig." Manchen Abend saß er mit Gesellen auf der Bank und unterhielt sich mit ihnen darüber, was sie auf der Baustelle erlebt haben. Magnus F. Barghorn war nie Bürokrat, kein Bürodirektor, er packt an, ist mitten drin, immer aktiv.

„Als Gunnar den Betrieb übernahm, war er zunächst fünf Jahre lang mein Angestellter, dann war er der erste Geschäftsführer, ich der zweite. Wir sind grundsätzlich unterschiedlich, ganz ohne Bewertung, aber da haben wir großen Stress gehabt", erinnert er sich. Der große Unterschied? „Sein Verständnis von Unternehmertum", entfährt es ihm spontan. „Das war der Kernpunkt, da bleibe ich heute noch bei. Er würde mit seiner großen Fähigkeit viel mehr darin aufgehen, wenn er an der Hochschule dozieren würde. Ich hab damals an der Technikerschule als Dozent schon gewusst: Hier kannst du nicht reich werden. Mein Antrieb war, im Leben etwas zu bewegen, ich wollte etwas erreichen." Ein Wert, der für ihn ganz wesentlich war und ist.

Für Magnus F. Barghorn macht es einen Unternehmer aus, zugänglich zu sein, mit allen in Kontakt zu stehen, sich nicht ins Privatleben zurückzuziehen. „Ich war in allen Vereinen – Fußball, Tennis, Schwimmen – und hatte einen gewaltigen Bekanntenkreis, der Kontakt war immens groß, ganz anders bei Gunnar, der auf dem Land sein Privatleben pflegt." Vielleicht eine Gegenreaktion eines Sohns auf den abwesenden Vater, die er so nicht sehen kann. Dass Gunnar zahlreiche Unternehmensbereiche abgeschafft hat, die Kundendienst bedeuteten, missfällt ihm ebenfalls. „Zu meiner Zeit hatte ich 40 Kundendienstwagen in allen Bereichen. Das ist der kleinere Gewinn, aber der sichere."

Er hätte es gerne gesehen, wenn eines seiner Kinder oder Enkel hin übertrumpft hätte, etwas bewegen würde. Darauf würde er mit Stolz blicken. „Die Gesellschaft hat sich aber auch sehr verändert. Der Wille, erfolgreich zu sein, ist nicht mehr so stark. Es kommt ja eine Generation der Erben. Darauf verlassen sie sich. Unternehmer ist man eben oder nicht, das kann man auch nicht an der Hochschule lernen." Die wichtigste Eigenschaft hierfür: sich auf Menschen einstellen können, Verständnis auf Augenhöhe schaffen. „Sie können das auch gut, Sie haben mich sofort eingefangen. Das ist eine Gabe, die nicht alle haben, in die Haut des anderen zu schlüpfen, das merke ich sehr früh", lobt er. „Das, was Sie jetzt machen, können Sie ja über das normale Rentenalter hinaus machen, Sie werden ja immer wertvoller." Ich freue mich über diese wertschätzende Perspektive.

Das Essen wird serviert, wir lassen es uns schmecken, während Magnus F. Barghorn erzählt, wie Lilo das Restaurant übernommen hat. „Du hast das zwar nicht gelernt, aber dir traue ich das zu", ermutigte er sie damals. Jeder, der am Tisch vorbeikommt, grüßt freundlich. „Moin, moin", antwortet er und genießt es sichtlich.

„Haben Sie Kinder?", erkundigt er sich. „Sie haben Charme, aber es kann sein, dass Männer Angst vor Ihrem Doktortitel haben. Ich respektiere das, aber entscheidend ist für mich der Mensch." Da sind wir uns einig, philosophieren ein bisschen über das Leben und die Liebe. „Alles hat seine Vor- und Nachteile. Und wenn man es schafft, das als Vorteil zu erkennen, wie man lebt, dann ist das eine gute Sache. Das macht einen stark. Nach wie vor würde ich mir auch gerne wünschen, eine nette Frau zu haben." Er schläft immer noch neben Lilos leerer Doppelbetthälfte. Das rührt mich. Ich sehe einen Menschen, der nach außen hin strahlend, aktiv, kontaktfreudig und vor allem ehrgeizig und erfolgreich lebt, in seinem Inneren verbirgt sich ein Mann, der sein ganzes Leben lang nach Liebe suchte und jetzt im Alter doch ohne eine Frau an seiner Seite dasteht. „Ich hatte so viele Möglichkeiten, und meine Ansprüche waren immer zu hoch", räumt er ein. „Irgendwie schade: Die ganz große Liebe ist mir nicht begegnet. Das passt eigentlich nicht zu mir. Körperlich brauch ich das nicht mehr. Ich hab im Leben genug rumgetobt. Gut, dass das so ist." Er lacht, schenkt Wasser nach.

„Zu meinen, dass die Zeit der Rente ein wunderbarer Urlaub ist, ist ja falsch. Irgendwann fühlt man sich wertlos, wenn einen niemand mehr braucht. Das ist wirklich schlimm." Und er weiß es für sich zu verhindern. Seine tägliche To-do-

Liste ist lang, und sein Enkel Bennet, der bei ihm lebt, braucht ihn. Durch ihn erfährt er eine andere Form der Liebe. „Wir haben viele Gemeinsamkeiten. Es ist ein schönes Gefühl zu spüren: Der Junge mag dich über alles und verlässt sich auch auf dich."

Wir schweigen gemeinsam. „Ich würde mit Sicherheit mein Leben noch mal so leben. Es war alles schön", bringt er es auf den Punkt. „Wenn man älter wird, ist man schneller zufrieden. Wenn ich auf meiner Terrasse mit einem Gläschen sitze und die Natur beobachte, kommt keine Unzufriedenheit auf." Sein Leitspruch: Für den Erfolg gibt es keinen Ersatz. Für ihn bedeutet das etwas Größeres als nur materiellen Erfolg, er versteht darunter ganz allgemein Erfolg bei Menschen, Erfolg im Leben. „Ja, wenn man z.B. das Gefühl im Leben hat wie jetzt gerade, dass wir beide uns genug sind, dass wir eine Sprache sprechen, uns verstehen. Das z.B. ist Erfolg", betont er. Sein wichtigster Wert: Ehrlichkeit.

Das Erbteil seines Elternhauses schenkte er seiner jüngsten Schwester unter der Bedingung, dass sie ihrer gemeinsamen Mutter noch ein paar wunderschöne Jahre bereiten sollte. „Da hatte ich selbst noch kein Geld. Verzichten kann ich auch", erzählt er. Aber er ist auch ein Kämpfer: „Als es um das Erbe bei Lilo ging, hab ich auch alle Register gezogen. Da ging es rein um materielle Dinge."

Die Kellnerin räumt ab, Magnus F. Barghorn bittet um die Rechnung. „Hier ist man nach einer Stunde durch, das passt gut." Er lacht. Ich habe den Eindruck, er steht auf der Sonnenseite des Lebens. „Ja, das ist auch so", bestätigt er und setzt nach: „Da wären Sie ja richtig gefährdet, wenn Sie 20 Jahre älter wären, so sehr liegen Sie auf meiner Wellenlänge. Klick." Wir amüsieren uns köstlich. Er kann es immer noch, das charmante Spiel mit dem Flirt. „Sie kämen zu kurz, der Unterschied ist zu groß, in meinem Alter will ich nichts mehr unternehmen, nicht mal mehr Urlaub machen. Es ist wirklich ganz schwierig, den Partner im Alter zu finden", räumt er ein.

Sollte er hilfsbedürftig werden, hätte er im Haus genügend Platz, um eine Pflegekraft unterzubringen, seine heimliche Hoffnung ist allerdings, dass seine jüngste Tochter Annette ihn dann zu sich holen würde, so wie seine Schwester es für ihre Mutter getan hat.

Ich mache einen Vorschlag: „Wie finden Sie die Idee, da Sie ja so stark im Kontakt mit Menschen sind, wenn in Ihrem Buch auch andere etwas über Sie sagen?" „Gut", antwortet er spontan. „Das ist eine gute Idee." Sofort kommen ihm ein Freund, sein Enkel und Lilo in den Sinn. Wir brechen auf, um abschließend eine Liste der möglichen Gesprächspartner zu besprechen. Zum nächsten Treffen will er bereits jemanden einladen. Magnus F. Barghorn ist ein Mann der schnellen Entschlüsse und der Umsetzung in die Tat.

Wieder zurück im Haus, überlegen wir, wie das Buch aufgebaut werden könnte. Chronologisch zu erzählen würde bedeuten, Kindheit, Bad Zwischenahn, Studium, U-Bootsbau in Lübeck, Emden, Unternehmertum als Stationen zu beleuchten, aber Erinnerung und Gespräche mit Magnus F. Barghorn verlaufen nicht immer nur chronologisch, sondern lebendig, sprunghaft, intuitiv. Da er eine Einteilung in Kapitel gar nicht möchte, entscheide ich mich kurzerhand dafür, den Prozess unserer Begegnungen und das Wachsen des Buches einfach mitzuerzählen.

Zum U-Bootsbau fällt ihm direkt eine Geschichte ein. „Ich bin ja mit meinem Freund nach Lübeck gegangen, aber er zog schnell wieder weg. Die Arbeit war nicht so unser Ding. Wir wohnten sehr schön mitten in Lübeck. Und das kam so: Auf der Suche nach einer Bleibe, kauften wir eine Zeitung, und da war eine Anzeige drin, aus der ich mehr gelesen habe, als dort stand. Das war typisch Magnus Barghorn." Im Angebot war eine komplett möblierte Wohnung, Bedingung: Führerschein. „Ich dachte, wenn die was will, dann muss sie auch etwas geben", lacht er. Es stellte sich heraus, dass die Vermieterin, eine Witwe, die eine große Schlachterei in Lübeck hatte, ohne Führerschein nicht das 20 km entfernt gelegene Familiengrab ihres Mannes besuchen konnte. „Wir wurden uns ganz schnell einig. Sie fragte, ob einer von uns sie hin und wieder zum Grab fahren könnte, und bevor mein Freund antworten konnte, sagte ich: ‚Natürlich, das mach ich sogar gerne!' Ich hatte ja auch immer ein Faible für ältere Frauen." Bald entstand eine wechselseitige Nachbarschaftshilfe: Der junge Magnus bot sich galant als Fahrer an, die Dame lud ihn dafür zum Essen ein. Nach ein paar Monaten lieh sie ihm sogar ihren Mercedes, um Heimaturlaub machen zu können, schließlich durfte er sogar mietfrei wohnen.

Magnus F. Barghorn hatte eine Chance gewittert und das Beste daraus gemacht, und all das mit Herzlichkeit, Nonchalance, Hilfsbereitschaft, nur durch guten menschlichen Umgang. Vielleicht ist das eine Seite an ihm, die seinen Erfolg erklärt – ob privat oder beruflich. Als sein Freund ausgezogen war, lernte Magnus die Enkelin seiner Vermieterin kennen. „Eine ganz tolle Frau wie ihre Oma, dachte ich, ein Jahr später waren wir verlobt", erinnert er sich. „Leider passten wir nicht zusammen, in einem Urlaub im Sauerland war Schluss. Ich habe sie noch nach Hause gebracht, das war's."

Nach seiner Lübecker Zeit ging Magnus F. Barghorn nach Emden und entwickelte den Hecklogger. Nachdem er seine Exfrau Lilo beim Autokauf kennen gelernt hatte, wurde er 1964 von seinem Schwiegervater angestellt, 1971 bis 2001 übernahm er den Betrieb. Seine Freizeit verbrachte er in den Vereinen – Fußball, Schwimmen, Tennis. Auf meine Frage, ob er auch mal mit seinen Kindern gespielt hätte, erklärt er: „Nein, nein, das beschränkte sich auf Schwimmen." Eine klare Rollenteilung, die früher durchaus üblich war: Die Frau hält dem Mann den Rücken frei und zieht die Kinder zu Hause alleine groß. Er selbst hatte es als Kind von seiner Mutter nicht anders erlebt und blickt mit großem Respekt auf diese Leistung.

In dem verschuldeten Fußballverein übernahm er

als 1. Vorsitzender die Buchhaltung und brachte den Verein schnell aus den Miesen: „Ich hab Bandenwerbung eingeführt. Mit Beiträgen kommt man ja nicht weit. Innerhalb von ein paar Jahren waren wir auf der Haben-Seite, und ich hatte jedes Jahr 20000 DM Rücklagen", berichtet er stolz. „So war auch Geld da, als wir den Kunststoffrasen gebaut haben."

Welche Menschen in dem Buch etwas über ihn sagen könnten? „Viele sind tot, man darf nicht vergessen, dass ich 84 bin", entfährt es ihm spontan. Wir notieren eine Liste: Peter Oberegger, ein Vereinsfreund; Lilo, seine Exfrau; Bennet, sein Enkel; Fritz Fasting, sein langjähriger kaufmännischer Leiter; Rainer zur Loye, ein Jugendfreund aus Bad Zwischenahn, mit dem er heute noch ein schönes freundschaftliches Verhältnis hat, und Annegret, seine Schwester. „Ich kann mir gut vorstellen, dass die alle kommen und sich so wie ich mit Ihnen unterhalten. Soll ich denen das sagen und sie herbestellen?", schlägt er vor. Wir sind uns schnell einig. „Beim nächsten

Mal machen wir das so: einen vor dem Essen, einen nach dem Essen." Magnus F. Barghorn schüttelt die Planung locker aus dem Ärmel. „Gute Idee von Ihnen, das schmeckt mir." Wir lachen.

Abschließend gucken wir uns Alben mit wenigen Familienfotos und Bilder aus seiner Schwimmmeister-Vergangenheit an. „Hier, das waren Kurgäste, ein Fabrikbesitzer. Die Kinder hatte ich jedes Jahr im Schwimmunterricht, und sein Sohn ist seitdem mein bester Freund. Der Vater wusste, dass ich Geld fürs Studium brauchte, und hat mich immer in seine Schraubenfabrik nach Schalksmühle eingeladen. Da hab ich mehrere Jahre in den Winterferien gearbeitet und in seinem Gästezimmer gewohnt. Ich hab nie Urlaub gemacht", erzählt er. „Nie. Ich hab keinen Urlaub gebraucht."

Einen Fotoapparat zu besitzen war in seiner Kindheit ebenso wenig üblich wie Muße zum Lesen zu haben. Ein paar Schulbücher gab es, kaum Bilder aus seiner Kindheit. Dagegen gibt es viele Fotos und auch Zeitungsartikel aus seiner

Schwimmmeister-Zeit. „Und hier bin ich durch den brennenden Ring gesprungen. Das hab ich jährlich wiederholt." Nur einmal zog er sich Brandwunden durch das Petroleum zu, mit dem er übergossen wurde – ein gefährliches Spektakel. Mit seinen Rettungsschwimmern durchschwamm er das drei Kilometer breite Bad Zwischenahner Meer morgens nach Sonnenaufgang vor seinem Dienst, nur von einem Ruderboot begleitet. Glück bedeutete, wenn kein Nebel aufkam. Ich frage mich, woher Magnus F. Barghorn die schier grenzenlos erscheinende Energie nahm oder ob er sie gerade durch solche Aktionen, die öffentlichkeitswirksam in der Presse dargestellt wurden, immer wieder auffrischte. „Das brauchte ich auch, das gab mir den Kick", gibt er offen zu.

Eine Mappe mit Lebenslauf und Zeugnissen, eine Laudatio seiner Exfrau Lilo anlässlich der Firmen-Übergabe, ein wertvoller Brief des Vorsitzenden des DLRG – Dokumente eines langen, erfolgreichen Lebens. „Ich möchte ein Buch haben zu

Weihnachten für die Enkelkinder und für die Leute, die sagen, der Magnus Barghorn war viel unterwegs, hat viel gemacht, das interessiert mich mal." Im Gegensatz zu anderen über 80-Jährigen fällt es ihm nicht immer leicht, sich in der Tiefe an weit zurückliegende Lebensphasen und die damit verbundenen Gefühle zu erinnern. Ich vermute, dass er es vielleicht auch absichtlich vermeidet. Man sagt, je älter man wird, umso stärker lebt man in der Vergangenheit. Das trifft auf Magnus F. Barghorn nicht zu. „Da ist was dran, aber der Alltag bei mir steht im Gegensatz zu denen, die sehr in der Vergangenheit leben. Ich leb ja in der Gegenwart", entgegnet er und klappt das Album zu. „Bei mir gibt es Gegenwart und Zukunft. Das ist immer noch spannend und interessant."

Wir verabreden uns für das nächste Treffen, zu dem er bereits zwei weitere Gäste einladen will. „Dann haben wir's erst mal. Ich freu mich schon. Ich bin zufrieden, es war schön", verabschiedet er mich – herzlich, locker, unkompliziert. Ich freu mich auch. Er begleitet mich an die Haustür, vom

Auto aus sehe ich, dass er mir lange nachblickt, bis ich in die Seitenstraße einbiege.

2.

Bei unserem zweiten Treffen ist es herbstlich kühler geworden. Wir sitzen drinnen bei Kaffee und Keksen. Magnus F. Barghorn setzt seine Hörgeräte ein. „In meinem Alter hat man schon ein paar Ersatzteile", scherzt er und erklärt mir das straffe Programm: „Wir beide haben bis halb zwölf Gelegenheit zu quatschen, dann kommt mein treuster Freund Rainer zur Loye aus Bad Zwischenahn mit seiner Frau. Um zwölf Uhr gehen wir schön Mittagessen, danach Lilo, meine Ex. Wenn Ihr ausgeschnackt habt, bringt sie Sie hierher, danach haben wir noch Bennet. 14 Tagen später kommen dann Fritz Fasting aus dem Betrieb, Peter Oberegger vom Fußball und meine Schwester."

Ich lobe seine gute Organisation und denke,

beim letzten Treffen besprechen wir alles, was noch zur Abrundung des Ganzen fehlt, suchen Bilder aus, denken gemeinsam über die Gestaltung nach. „Bilder sollten unbedingt drin sein", findet er. „Auch wenn meine beste Zeit gut 60 Jahre her ist."

Stolz zeigt er mir sein Familienwappen und sein Gästebuch mit internationalen Einträgen ab 1964, in dem sich unter anderem der frühere Fußballstar Uwe Seeler, der als einer der besten Mittelstürmer der Welt galt, verewigt hat. Wir sprechen darüber, dass das Buch durch Stimmen anderer, Ergänzungen und Bilder von innen wächst und ich nicht kapitelweise Lesestoff abliefern kann, was ich bedaure. „Klar, das ist auch ganz in meinem Sinne", versteht Magnus F. Barghorn sofort. „Jo, das kriegen wir bestimmt hin", lächelt er und nimmt einen Schluck Kaffee.

Ich spüre seinen Wesenszug, andere zu fördern, zu beruhigen, zu ermutigen – eine Eigenschaft, die ihn nicht nur als Unternehmer, sondern einfach als Mensch anziehend und erfolgreich macht. „So ein langes Leben, es ist einiges passiert, und ich kann doch sagen, ich hab immer auf der Sonnenseite gelebt, auch wenn es teilweise das glückliche Schicksal war, das mir geholfen hat. Also, deine Art, dein Wesen kam an. Das hab ich gerne angenommen", sagt er dankbar. „Und im Studium hab ich mit meinem Freund ein Ingenieurbüro gegründet, die Zeitung ausgetragen und als Chauffeur gearbeitet. Alles leichte Arbeiten, die mir Freude gemacht haben, und dann bekommst du auch noch Geld dafür. Ich hab das nie als Belastung empfunden. Alle Tätigkeiten haben mich so erfüllt, dass ich schwer Abschied nehmen konnte. Als ich fertig war mit meinem Studium hatte ich keine Schulden. Ich war einfach von mir überzeugt: Du schaffst es, in deinem Leben Werte zu schaffen. Erfolgreich wollte ich sein. Das Wort Angst kannte ich nicht. Auch jetzt habe ich nicht mal Angst vor dem Tod. Der gehört einfach zum Leben. Sollte ich Pflege brauchen, habe ich nur den Wunsch, dass eines meiner Kinder dann für mich da ist."

Früher gab es für die Alten das Altenteil, einen Anbau am Hof. Heute lebt jeder für sich, die Berufstätigkeit der Kinder befördert das Abschieben der Eltern in Altersheime, Mehrgenerationenhäuser gelten noch als Ausnahmemodell. „Ich wollte auch mal mit ein paar Freunden eine Villa kaufen, um zusammen zu wohnen. Das hat sich leider zerschlagen. Viele wollen in jungen Jahren nicht wahrhaben, was es bedeutet, wenn du im Altersheim weißt: Da kommst du nur mit den Füßen zuerst wieder raus", bedauert er. Eine Option, die für ihn nicht in Frage kommt, eine negative Aussicht, die er kurz ansieht und dann – typisch für seinen Charakter – erfolgreich verdrängt. „Wenn ich mich auf meine Kinder nicht verlassen kann, hole ich eine Polin ins Haus, die mich pflegt. Ich denke lieber an die Gegenwart: Die ist schön, du bist gesund, du nimmst teil."

Magnus F. Barghorn wollte schon immer Kindern und Jugendlichen etwas mitgeben, ob im Schwimmunterricht oder in seinem Buch – seine positive Lebenseinstellung zu verbreiten liegt ihm am Herzen. Und gleichzeitig versteht er es immer wieder, durch seinen Menschenbezug auch Ziele zu verwirklichen. „Mein tieferer Wunsch im Fußballverein: Ich wollte Heranwachsenden ein Zuhause geben und konnte gleichzeitig über Jahre junge Menschen beobachten, die ich nach dem Schulabschluss für meinen Betrieb gewinnen konnte. Die Eltern kannten mich, ich habe jedes Jahr 16, 18 Lehrlinge eingestellt", freut er sich. „Ich hab mich auch mal mit einem Lehrling auf die Feilbank gesetzt und geredet, um ihm einfach nah zu sein."

Gunnar hatte mir ein ganz anderes Bild seines Vaters übermittelt, erzähle ich ihm. Ich hatte einen patriarchalischen Chef vor Augen, auf dessen Bürotisch alle Fäden, streng kontrolliert, zusammenliefen. „Den Eindruck habe ich Gunnar wohl auch gegeben, aber das war ich gar nicht. Meine Mitarbeiter standen ganz anders zu mir, weil ich sie auch privat beim Sport erlebte. Ich hab in meinem Leben an Vereine und Organisationen viel Geld gespendet. Du musst in der

Stadt wohnen, wo du dein Geld machst. Deine Kunden müssen dich erleben: beim Bier, beim Schwimmen. Das war meine Devise. Gunnar ist ein kluger Junge, aber der ganz typische Unternehmer ist er nicht." Klare Worte. Was den ganz typischen Unternehmer ausmacht? „Erfolg ohne Ende, nur Erfolg. Dafür gibt es keinen Ersatz, mein Leitsatz", antwortet er spontan. „Das kam besonders in der Familie nicht gut an und wird Lilo nachher sicher noch ganz deutlich sagen. Zu Hause war ich zu Besuch, Lilo kam mit Sicherheit zu kurz, ich war so glücklich in meiner Rolle." Das ist ihm völlig bewusst. Ihren Verdienst an seinem Erfolg respektiert er als enorm wertvoll.

Den Betrieb konnte er trotz des Neubaus schuldenfrei an Gunnar übergeben, den Kredit über drei Millionen hat er durch zwei Lebensversicherungen für sich und Lilo, die er an die Bank abgetreten hatte, abgesichert. „Das war eine schwere Zeit. Ich musste ja die Zinsen für den Kredit und die Beiträge für die Versicherungen zahlen", sagt er. „Eine Million hatte ich durch Verkauf von anderen Immobilien, für sechs Millionen haben wir gebaut. Damit bin ich gut zurechtgekommen. Das waren für mich keine Schulden, sondern Verbindlichkeiten, denn es war ja ein Gegenwert da", erklärt er selbstsicher. Ausgaben, die er sich nicht leisten konnte, ließ er lieber bleiben, sogar seine Autos zahlte er nicht über Leasing, sondern bar. „Auch der Karmann Ghia, das sind alles so schöne Erlebnisse, ja." Er lächelt versonnen. „Positive Lebenseinstellung ist am wichtigsten."

Mit seiner Haushälterin spricht er gerne bei einer Tasse Kaffee ein persönliches Wort, hört zu, gibt Rat. Seiner Meinung nach fällt es oft leichter, sich einer fremden Person anzuvertrauen, als sich innerhalb der Familie eine Blöße zu geben und zu sehr Einblick in die eigene Person zu bieten. Erstaunlich. Die Menschen, die einen am längsten und besten kennen sollten, sind in Magnus F. Barghorns Augen nicht die eigenen Familienmitglieder. „Die Verbindung ist zu allen Kindern unterkühlt. Vielleicht lag es an mir, weil ich so wenig da war, mit Sicherheit konnte ich meinen Kindern zu wenig Zeit geben", muss er sich eingestehen. „So wie mit Ihnen hab ich mich mit den Kindern noch nie unterhalten. Sie wissen heute mehr von mir als die Kinder." Vielleicht wird einer von ihnen diese Zeilen lesen, denke ich, während er fortfährt: „Auch eine Frau, von der ich gesagt hätte: die oder keine, das gab es in meinem Leben nicht. So richtig verliebt war ich nie. Für mich waren alle Frauen austauschbar." Eine ernüchternde Bilanz.

Er sieht sich eher als Ermöglicher, Unterstützer, Verwirklicher und Macher. Seine Tochter Annette erklärte ihm, dass sie ihn früher als unterkühlt wahrgenommen hätte. Vielleicht ist es ihm nicht mehr möglich, eine neue Gesprächsebene zu seinen Kindern herzustellen. Er möchte immer noch mit permanentem Arbeitseinsatz als ermutigendes Vorbild für Erfolg gesehen werden. „Ich finde Befriedigung an der Arbeit, am Erfolg, wenn mir etwas gelingt, z.B. eine Excel-Tabelle zu Mietern und Mieteinnahmen, oder wie gerade einen Wohnungsumbau in Eigenregie als Architekt durchzuführen. So kann ich zeigen, dass man auch mit über Achtzig noch aktuell und in der Materie ist. Das ist mein Leben. Privatleben in dem Sinne hab ich ansonsten gar nicht so gehabt. Wenn ich was gemacht hab, stand der Erfolg immer obenan." Er erinnert sich nochmals daran, wie er den Kunststoffrasen für den Fußballverein nach Brake geholt hat. „Der kam von Amerika zuerst nach Schweden, nach Göteborg. Ich hab den ganzen Stadtrat eingeladen, dann sind wir nach Schweden gefahren, das musst du bauen, hab ich mir gesagt. Ich bin auch verrückte Risiken eingegangen und hab voll für die Summe bei der Bank gebürgt. Ich war immer überzeugt, dass ich das hinbekomme und konnte meinen Verpflichtungen immer nachkommen."

Es klingelt, sein Freund aus Bad Zwischenahn kommt – Rainer zur Loye.

Während Magnus F. Barghorn nebenan mit dessen Frau spricht, beginnt Rainer zur Loye zu erzählen: „Ich bin ja einer der wenigen, die noch übriggeblieben sind. Ich wohne seit 1949 in dem Ortsteil Aschhausen, einem kleinen dörflichen Teil von Bad Zwischenahn, geboren bin ich 1939 ganz in der Nähe. Die Dorfkinder und die vielen Kinder der Heimatvertriebenen waren meine Freunde. Bad Zwischenahn war für uns die bessere Gesellschaft, gegen die wir Krieg gespielt haben. Wir schwammen und badeten im Zwischenahner Meer, sind mit den Benzinkanistern der Alliierten auf dem Floß übers Meer gefahren, der Wald war unser Territorium.

Eines Tages ist eine Mitkonfirmandin von mir im Zwischenahner Meer ertrunken, und dieser Unfall führte dazu, dass Rettungsschwimmer von Zwischenahn kamen. Wir kamen ins Gespräch, und sie schlugen mir vor, doch auch mein Rettungsschwimmabzeichen zu machen. Bei ihnen lernte ich so gut schwimmen, dass ich später Pokalsieger wurde. So hab ich den ersten Kontakt zu Magnus bekommen, der damals dort Schwimmmeister war.

Magnus Barghorn hatte eine ganz besondere Aura. Er konnte Leute zusammenbringen, Dorfkinder mit Söhnen des Schneidermeisters oder der Bierbrauerei, also betuchten Familien, Aschhauser und Zwischenahner, er war Kommunikator. Ich bekam gleich Kontakt und war als Landei in diesem Milieu einfach dazwischen, gehörte dazu. Später wollte ich in die Feuerwehr in meinem Ort zurück, da hieß es: Du bist bei der DLRG in Zwischenahn. Ich hab da keinen Fuß mehr gefasst.

Magnus war ein paar Jahre älter, noch nicht volljährig, aber er hatte sie alle im Griff, das klappte gut. Er hatte einfach diese Ausstrahlung, hat uns erzogen. Magnus war nicht Schwimmmeister, er war Schwimmpädagoge, schon in seinem jungen Alter. Auf seine Art und Weise brachte er dir etwas bei, indem du Spaß dabei hattest. Ich bin in dem Verein gewachsen bis zum Vorstand. Wie man das macht, hat er uns auch beigebracht. Ich war der Handwerker, er war der Organisator, konnte delegieren.

Die Veranstaltungen vor Publikum mit brennendem Reifen hab ich auch mitgemacht, wir waren die ersten, die solche Events gemacht haben, Feuerringspringen, brennender Mann, Fackelschwimmen. Das hat er alles inszeniert, und wir haben die Arbeit gemacht. Im Gefühl, dass das unser See ist, waren wir wer. Das durften wir alles, denn Magnus hatte den Kontakt – zum Kurdirektor, zum Bürgermeister, zum Segelclub. Er stand da wie ein Käpten am Stand mit weißem Anzug und weißer Mütze – er war schon eine Persönlichkeit.

Die Söhne der Zwischenahner Geschäftsleute lernten bei ihm schwimmen, so bekam er Kontakt zu den Eltern, ich weiß noch, dass er einmal nach Bremen musste und den Opel Admiral, so einen Amischlitten, dafür geliehen bekam. Er stellte schon was dar. Und wir standen in kurzer Hose daneben. Wenn der Sommer vorbei war, sind wir im Herbst mit dem Zug zu Magnus nach Bremen gefahren, konnten mit ihm ins Hallenbad, so etwas gab es bei uns in Zwischenahn nicht.

Wir haben auch seine Familie, Mutter Barghorn mit ihren vielen Kindern, in Brake besucht. Fünf, sechs Jahre haben wir uns so ganz intensiv kennen gelernt. Dann sind wir alle in unsere Ausbildungen gegangen, ich bin als Einziger dageblieben. Die großen Events haben wir seitdem fortgeführt. Als Junge war ich ziemlich verklemmt, Magnus hat mich damals einfach in seine Mitte genommen und mich freigemacht. Dass ich durch ihn in Berührung mit dem Bürgermeister, mit Geschäftsleuten kam, hat sich in meinem späteren Leben bewährt, indem sie sogar meine Kunden wurden. Ich bin durch Magnus wesentlich selbstbewusster geworden. Auf jeden Fall war er ein Vorbild und hat mir immer Mut gemacht, auch wenn er meine Defizite erkannt hatte. Einmal hat er mir ein Büchlein geschenkt, in das er vorne geschrieben hatte: Stehe gerade oder zerbrich. Er hat viele ermutigt und aufgebaut, deshalb war er so beliebt. Bei Magnus liefen alle Fäden zusammen, und wir gehörten zu ihm. Wir waren eine große Familie."

Magnus F. Barghorn kommt herein, erinnert uns freundlich an die Uhrzeit und bittet zum Mittagessen. Immer noch behält er die Übersicht über die Tagesplanung, hat alles im Griff, immer noch folgt ihm jeder gerne.

Wir essen in geselliger Runde im Culinaria: Magnus F. Barghorn, seine Exfrau, Lilo, die Eheleute zur Loye und ich. Magnus hat für alle Lachs mit Pastinaken und Reis vorbestellt. Lilo Barghorn möchte lieber ein Omelette, ich ahne, dass sich zwei harte Köpfe gegenübersitzen. Wir plaudern über Selbstständigkeit und Unternehmertum und stellen fest, dass weder ich mit zwei Lehrern als Eltern noch Magnus F. Barghorn mit einem Vater, der Postbeamter war, ein familiäres Vorbild für diesen Berufsweg hatten. „Meine Geschwister haben alle einen Beruf gelernt, alles Handwerker. Warum ich diesen Sonderweg eingeschlagen habe, ist keinem klar", erzählt er. „Alles, so wie es war, würde ich gerne, wenn ich morgen noch mal auf die Welt komme, noch mal so erleben", fasst er zusammen.

Lilo Barghorn senkt irritiert den Blick und kommentiert knapp: „Genau denselben Mist?" Wir lachen.

Als Magnus nicht mehr Schwimmmeister in Bad Zwischenahn war, bat man Rainer zur Loye, diesen Posten zu übernehmen. „Ich konnte mir mein Leben nicht als Schwimmmeister am Beckenrand vorstellen", berichtet er.

„Rainer, ich auch nicht", wirft Magnus ein und amüsiert sich.

Rainer zur Loye erzählt von seiner Selbstständigkeit als Handwerksmeister, die er nach zehn Jahren aufgab, später wurde er therapeutischer Bademeister in einer Kurklinik und holte mit Mitte Dreißig noch das Staatsexamen nach, um im Krankenhaus zu arbeiten. Letztlich bestimmten das Schwimmen und die damit verbundenen DLRG-Kontakte seinen weiteren Werdegang. Ohne Magnus F. Barghorn wäre sein Leben anders verlaufen.

„Weißt du eigentlich, dass du mir noch etwas schuldig bist?", wendet sich Lilo an Magnus.

„Das glaub ich wohl, was denn?"

„Mit mir übers Zwischenahner Meer zu schwimmen, das hab ich inzwischen alleine gemacht."

„Das schaffe ich in meinem Alter nicht mehr."

Der Lachs wird serviert, auch für Lilo. Wir genießen die gute Küche.

„Rainer ist von der Selbstständigkeit ins Angestelltenverhältnis gegangen, bei Ihnen war es umgekehrt", wendet Magnus sich mir zu. „Beruf kommt von Berufung, Sie sind dafür berufen." Wir sprechen über das Buchprojekt und die Beiträge aller Beteiligten. „Eine gute Idee von Ihnen, da bin ich gleich auf den Zug aufgesprungen und hab die Leute gefragt", sagt Magnus F. Barghorn. „Organisieren war schon immer mein Ding."

„Das siehst du völlig richtig", stimmt Rainer zur Loye zu und erinnert sich daran, wie sie früher von Magnus' Zwischenahner Kontakten profitierten: „Der Fährschipper hat uns umsonst übers Zwischenahner Meer gebracht, das waren schöne Zeiten. Das gibt es heute nicht mehr. Wir waren alle nicht volljährig damals in Zwischenahn, aber wir haben Verantwortung getragen."

Magnus F. Barghorn ergänzt nachdenklich: „Das ist uns verloren gegangen. Das kann man durchaus wieder beleben, dass man alles ein bisschen menschlicher sieht, dass man wieder füreinander da ist. Das ist Qualität des Lebens, nicht nur Erfolg. Und wenn man als alter Mensch weiß, irgendwann bald kommt das Ende, dann denkst du anders darüber."

Reiner zur Loye erzählt, wie er die herzliche Gastfreundschaft von Magnus' Mutter erlebt hat. „Ich werde nie vergessen, wie wir da alle bei euch auf der Treppe gesessen haben. Und deine Mutter haben wir auch zu Grabe getragen."

„Ich vermisse sie bis heute", sagt Lilo Barghorn. „Das war eine Traumfrau, Mutter durch und durch und nur Herz, leider wurde sie nur 64 Jahre alt. Dein Vater ist 1963 am 15. Januar mit nur 56 Jahren gestorben." Das weiß sie so genau, weil die Todesanzeige mit zehn Kindern darunter der erste Berührungspunkt mit der Familie Barghorn war, den sie hatte, während sie noch in England lebte. „Meine Mutter schickte mir die Zeitung nach England. Ich dachte, Gott, wie furchtbar, die armen Kinder."

Umso dankbarer erinnert sich Magnus daran, dass er zwar früh seine Eltern verloren hatte, aber in Lilos Eltern einen liebevollen Ersatz fand. „Wir hatten immer ein schönes Verhältnis, sogar nach der Scheidung." Er bittet Lilo, mich nach unserem Vier-Augen-Gespräch wieder zu seinem Haus zu bringen. „Mein Leben, meine Erfolge hat sie mitgemacht. Aber: Da muss ja auch mal was Kritisches ins Buch rein", witzelt er.

„Mutig von dir. Ja, das kann ich", antwortet sie knapp. „Mein Sohn hat es so ausgedrückt: ,Mama war alleinerziehende Mutter von vier Kindern mit einem schmutzige Oberhemden fabrizierenden Phantom.'" Der Satz kommt ihr nicht zum ersten Mal so flüssig über die Lippen, denke ich. „Und das trifft die Sache haargenau. Er war nur freitagsabends zu Hause, und dann hat er gestört." Wir lachen gemeinsam.

„Bei mir zu Hause war absolutes Rauchverbot. Also, diese unangenehmen Seiten, die hatte ich schon", räumt Magnus ein. „Der Pastor sagte mir voraus, dass unsere Ehe nicht langweilig werden würde, er kannte Lilo. Wir sind uns immer auf Augenhöhe begegnet. Sie ist ja eine kluge Frau."

Ich bin gespannt.

Lilo Barghorn wurde von ihrem Vater wie ein Junge zur Unternehmensnachfolge erzogen. Nicht nur praktisch handwerklich, sondern auch als Schülerin war sie so begabt, dass der Rektor ihren Vater anrief und ihm vorschlug, seine Tochter sollte ein Ingenieursstudium beginnen. Aus Trotz widersetzte sich die damals 17-Jährige den begeisterten Plänen der Erwachsenen, die über ihren Kopf hinweg geschmiedet wurden. „Ich hab gesagt, dass ich ein Jahr nach England gehen und nach meiner Rückkehr heiraten und Kinder bekommen will. Und das hab ich gemacht." Ihren Willen setzte sie vor Vollendung ihrer Volljährigkeit durch: „Ich bin auf den Hochsitz geklettert und hab verkündet: ‚Wenn ich ihn nicht heiraten darf, komme ich hier nicht wieder runter.'" Gesagt, getan. Sie holt ein kleines Hochzeitsfoto von Magnus und ihr in Schwarz-Weiß aus dem Portemonnaie und zeigt es in die Runde. Mit ihrem zweiten Mann lebt sie jetzt seit 33 Jahren in wilder Ehe und in getrennten Wohnungen. Nach einem köstlichen Dessert schlägt Magnus Barghorn vor, dass Lilo mir im nächsten Jahr Erinnerungen an ihren Vater als Unternehmensgründer erzählen möge, zahlt großzügig für alle und bricht mit zur Loyes auf.

Bei einem guten Milchkaffee beginnt Lilo Barghorn zu erzählen, und es passiert das, was immer geschieht, wenn man sich einem fremden Menschen vertrauensvoll öffnet: Man schüttet sein Herz aus, und Lilo Barghorn trägt ihr Herz auf der Zunge. Ihre Sprache: ehrlich und direkt, geradeheraus, ernüchtert, fast bitter. Nach jedem zweiten Satz sagt sie: „Das dürfen Sie natürlich so nicht schreiben." All die enttäuschten Gefühle aus 24 Jahren Ehe kommen sofort zur Sprache. „Mir ist klargeworden, dass Magnus unbedingt die Firma, aber nicht unbedingt mich wollte. Als mein Vater ihn zum ersten Mal kennen lernte, fragte er ihn gleich nach seinem Beruf, nahm ihn in den Arm und sagt: ‚Mein Junge, wenn du Ingenieur bist, dann kannst du doch sicher auch bis zum Wochenende eine Statik machen. Was willst du dafür haben?'" Als Magnus als Bezahlung einen Kühlschrank für seine Mutter verlangte, hatte er ihre Befürchtung, dass sie einmal nur der Firma wegen geheiratet werden würde, vorerst zerstreut. „Ich hab ihn wirklich für meinen Vater geheiratet", muss sie sich eingestehen.

Die schönste Zeit mit ihm war wohl rückblickend die Zeit der Werbung und Verlobung: „Er war sehr zuvorkommend und liebenswert, hat mir immer in den Mantel geholfen, mir immer die Tür aufgehalten, hat mir immer den Stuhl herangerückt. Er war der perfekte Kavalier", schwärmt sie. „Auf dem Weg zur Kirche hat er mir allerdings zum letzten Mal die Autotür aufgehalten", bedauert sie. Die Zeit der Galanterie war mit Beginn des Ehelebens vorbei, die Aufmerksamkeit und Zuwendung, nach der sie sich als junge Frau sehnte, wurden spärlicher. „Ich habe mich immer nach seinen Wünschen gerichtet, um geliebt zu werden, und geglaubt, dass es wieder besser würde. Ich bin ein hoffnungsloser Optimist. Aber ich wurde nicht geliebt. Wir haben uns beide nicht geliebt." Eine traurige Bilanz. Er selbst formulierte es so, dass es die große Liebe zwischen ihnen nicht gab. „Stimmt. Aber heute sagt er: ‚Die beste Frau war Lilo.' In dem Moment, als ich ausgezogen bin, 1988, hat er mir die Hand gegeben und gesagt: ‚Von jetzt an bin ich dein Freund.' Und das hat er wirklich gehalten." Wer kann das schon nach einer Scheidung von sich sagen?

Sein Fokus lag nie auf dem Privatleben, sondern immer auf Beruf, Erfolg, Unternehmertum. Dort setzte er sich ein, bestätigt sie: „In gewissem Rahmen ist er für seine Angestellten immer sehr sozial gewesen, hat einen Mitarbeiter sogar aus dem Armenhaus geholt, der später bei uns Abteilungsleiter wurde. Er hat die Firma mit viel Druck geführt, um seine Ziele umzusetzen, strebt immer nach oben. Dazu gehört auch, dass er es genießt, in der Öffentlichkeit zu stehen, in der Zeitung zu sein, er hat sehr viel für Vereine getan. Da hat er wirklich seine riesengroße soziale Ader ausgelebt – natürlich auch, um sich zu profilieren. Die Braker Jugend wusste: Geh in den Fußballverein, dann bekommst du bei Barghorn eine Lehrstelle oder einen Job. Weil wir die Haustechnik damals noch hatten, war der Häuslebauer für uns wichtig. Das hat Magnus sehr ausgeweitet und dabei von seinen vielen Kontakten profitiert."

Den eigenen Bedeutungsverlust nach einem Generationswechsel im Unternehmen zu verkraften fällt vielen schwer. Für Magnus F. Barghorn muss es besonders schmerzlich sein, nicht mehr gefragt zu sein, vermutet sie. „Das ist der Lauf der Welt, dass man nicht mehr wichtig ist, wenn man aus dem Berufsleben raus ist. Damit kann er nicht gut umgehen und tut mir manchmal leid. Anerkennung war sein ganzes Streben. Ich zolle ihm Respekt für die 30 Jahre im Unternehmen. Das ist ehrlich. Er hat gearbeitet, gearbeitet, das hat er wirklich, war Tag und Nacht für die Firma und dann noch für die Vereine da, ist sogar in den Urlauben, die ich mit den Kindern alleine gemacht habe, nur am Wochenende zu Besuch gekommen.

Wenn wir zu Hause geblieben sind, hat er pausenlos Leute zum Grillen eingeladen, das war keine Erholung für mich, Dienstmädchen zu sein und Bier zu holen. 1985 auf Fuerteventura hatten wir einen schönen Urlaub mit allen vier Kindern. Einmal waren wir auf Bornholm, da hat er schon auf der Fähre in Gedanken die Arbeit, die im Ferienhaus zu tun war, genau organisiert. Das lief reibungslos. Es war ein schöner Urlaub. Morgens hat er immer mit unserer Haushälterin Andrea telefoniert, die 1979 Rebeccas Mutter wurde. Die Kinder haben das wesentlich später erfahren und sahen Rebecca einfach als Andreas Kind an. Magnus hätte damals gerne alle behalten und um sich geschart: seine fünf Kinder, die Freundin und mich zum Repräsentieren auf dem gesellschaftlichen Parkett." Für sie unmöglich.

Das Handy klingelt, Bennet, Magnus' Enkel, fragt nach, wann wir zu ihm kommen. „Magnus ist ein zauberhafter Großvater, definitiv, mit kleinen Kindern konnte er immer wunderbar umgehen, und er war auch ein liebevoller Vater", sagt Lilo. „Die Familie war eben meine Aufgabe. Er hat sich wirklich unendlich für die Firma und den VFL eingesetzt. Das war sein Leben. Mein Vater hat ihn immer akzeptiert, und Magnus hat ihn bewundert und sich wirklich unglaublich reingekniet. Genauso wie für den Kunstrasen im Fußballverein. In der Zeit der Einweihung habe ich sehr viele Gäste aus der Altherren-Bundesliga-Mannschaft bewirtet, Uwe Seeler, Schnellinger, Rudi Haller, Rudi Assauer. Das war hochinteressant. Vor seiner Eröffnungsrede musste ich Magnus eine halbe Beruhigungstablette gegeben, so aufgeregt war er. Das war für ihn auch ein Lebenswerk. Er hat sogar ein neues Fußballstadion entworfen und dafür Geld gesammelt. Ich glaube, der Bau ist daran gescheitert, dass er es von Anfang an Barghorn-Stadion genannt hat. Er hätte die Verleihung dieser Ehre abwarten müssen.

Was man über ihn sagen kann: Er war wirklich fleißig, hat immer nach Ansehen, Erfolg und Macht gestrebt und so gut wie alles erreicht. Auf jeden Fall kann er delegieren und konnte immer Menschen miteinander verbinden. Allmählich sollte er sich in seinem Alter vornehm zurückziehen", schließt sie und fährt mich zurück zum Haus, wo Bennet bereits auf mich wartet.

Magnus Barghorn steht bereits an der Tür. „Frauen brauchen doch immer ein bisschen länger, das liegt in der Natur der Sache." Er lächelt. Wegen Lilos kritischer Sichtweise, die eine neue Facette zum Bild hinzugefügt hat, besinne ich mich innerlich erneut auf meine Unvoreingenommenheit, Wertschätzung und mein Wohlwollen ihm gegenüber und spüre wieder meine Sympathie für diesen Mann, der Menschen um sich versammeln wollte wie Planeten, die um die

Sonne kreisen, dem eine Ehe nicht genug Bühne bieten konnte, um seine Strahlkraft zu entfalten, der Erfolg in der Öffentlichkeit angestrebt und erreicht hat. Und der sich als liebevoller Opa besonders um seinen Enkel Bennet kümmert.

Bennet sitzt am Wohnzimmertisch, lässig, cool, entspannt, fast 17 Jahre alt. Kurze Hosen und DLRG-Shirt weisen ihn als Sportler aus.

Er erzählt: „Wie soll ich Opa Magnus jetzt am besten beschreiben? Ich bin kein Redemensch, gar nicht. Seit der dritten Klasse wohne ich hier mit Pausen in meinem Zimmer oben. Ich hab hier Freiheiten, einen guten Lebensstandard und alles, was man zum Leben braucht. Er schreibt mir keine Zeit vor, wann ich abends hier sein muss. Natürlich sag ich ihm, wohin ich fahre. Er verbietet mir kaum was. Ich muss zwar ab und zu was für Opa machen, aber theoretisch bin ich für mich selbst verantwortlich, und ich bin gerne selbstständig. Die Schule für meine Ausbildung als Zimmerer ist direkt hier vorne.

Opa Magnus ist: nett, offen, sehr direkt, man kann mit ihm über alles reden. Wenn ihm was nicht passt, haut er das einfach so raus, egal, ob man dann beleidigt ist. Das macht er gar nicht bewusst, manchmal kann er echt penetrant sein. Vor vier Jahren hab ich das Boot bekommen, dafür hat er noch mit 80 den Kran gebaut und ist auch noch mitgefahren. Einsam kann man sein Leben nicht nennen, er bekommt immer noch viel Besuch. Er will hier eigentlich nicht alleine sein, aber holt sich auch keine Frau mehr ins Haus. Bücher liest er nicht, lieber sitzt er den ganzen Tag am Computer, macht seine kompletten Finanzen und hat Spaß dabei.

Er geht früh schlafen und steht früh auf. Wir frühstücken jeden Morgen zusammen, das macht er auch gerne. Er braucht Organisation, alte Menschen brauchen was zu tun, sonst werden sie nervig. Er hat noch genug Leute, die er rumkommandiert. Wir haben schon jeder unsere Privatsphäre, wenn er was braucht, helfe ich ihm natürlich. Sein Ein und Alles: samstags zum Markt. Der geht spätestens um halb zehn los, aber wenn ich erst um halb sieben nach Hause gekommen bin, würde ich auch gerne ausschlafen. Er bringt einen auf Trab. Und sonntags gibt es um 9 Frühstück. Bei Barghorn einsteigen werde ich auf keinen Fall, aber in der Firma von meinem Vater, Holzprofi, gegenüber von Barghorn. Das ist der Plan, mal sehen, ob er aufgeht.

Ich würde über Opa Magnus sagen, dass er ein toller Opa ist und ich mich glücklich fühle, bei ihm aufgewachsen zu sein. Ich hab schon ein Herz für ihn, wenn ich den Spaßvogel nicht gerne um mich hätte, dann wäre ich hier nicht."

Magnus F. Barghorn kommt dazu. „Seid Ihr soweit durch? Ihr hättet auch draußen sitzen können."

„Komm mal her, du hast ein Blatt an der Hose",

fällt Bennet auf.

„Wir leben ja schon ein Leben lang zusammen, ich hab mehr Beziehung zu Bennet als zu meinen eigenen Kindern. Er versteht mich auch am besten. Ich steh gerne für ihn auf morgens um halb sieben."

„Ich bring deinen Kopf schon auf Trab", frotzelt Bennet.

„Dann frühstücken wir gemütlich, und er geht zur Schule. Nadine kommt an drei Tagen, die anderen Tage mach ich den Haushalt, geh raus, fahr zum Betrieb, zu seinem Papa, mit dem hab ich auch ein nettes Verhältnis..."

„Die Leute von der Arbeit abhalten, genau", wirft Bennet ein.

„Ich hab einen großen Bekanntenkreis, und ich weiß, dass viele ältere Menschen sich freuen, wenn man einfach mal zu einer Tasse Kaffee vorbeikommt, und dann schnacken wir ein bisschen. Langeweile kenn ich nicht. Manchmal muss ich Bennet irgendwohin fahren."

„Darf er denn am Wochenende auch mal ausschlafen?", springe ich ihm bei.

„Da haben wir beide unsere Probleme." Magnus lacht laut, Bennet grinst. „Jammern gibt es nicht. Er hat viel von mir, tritt sicher auf, geht auf Menschen zu, ist beim Sport. Das formt auch den Charakter. Ich mach ihn stark", schließt Magnus F. Barghorn. „Du musst gehen", erinnert er ihn, die Zeit fest im Blick.

„Jo." Bennet bricht auf. Zwei, die sich brauchen, gern mögen und gut verstehen, denke ich und verabschiede mich.

3.

Zu unserem dritten Treffen Mitte Oktober hat Magnus F. Barghorn Fritz Fasting, seinen Prokuristen aus dem Unternehmen, seine Schwester Annegret und Peter Oberegger, seinen langjährigen Freund aus dem Fußballverein, eingeladen. Vor meiner Anreise schickt er mir einen Zeitungsausschnitt, in dem eine Sperrung der Bundesstraße nach Brake angekündigt wird, und empfiehlt mir eine Umleitung – aufmerksam, fürsorglich, vorausschauend. Wir sitzen kaum am Tisch, schon klingelt es, und Fritz Fasting tritt ein. „Ich geh ein bisschen ins Wohnzimmer, dann könnt ihr euch wirklich frei unterhalten", schlägt Magnus vor. „Sagt mir Bescheid, wenn ihr durch seid. Es geht mir mehr um deinen privaten Eindruck und darum, jungen Menschen Mut zu machen, das, was sie vorhaben, auch umzusetzen. Weniger um die Firma. Macht das Beste daraus."

Fritz Fasting erzählt: „Ich war seit 1952 in der Firma. Magnus war plötzlich im Unternehmen. Unser Chef, Fritz Böning, suchte dringend einen Mann für Lilo und am besten auch noch einen Ingenieur. Fritz Böning hatte immer ziemlich viel Streit mit seinem anderen Schwiegersohn, der eigentlich Kapitän war, da musste Magnus direkt an Land gezogen werden. Er kam so langsam dazu, bot keine Angriffspunkte. Der damalige Betriebsleiter, Herr Schelling, hat Magnus unter seine Fittiche genommen und ihn mit aufgebaut.

Der Seniorchef verlangte viel, arbeiten von morgens sieben bis abends sieben mit einer Stunde Mittagspause, sonnabends den ganzen Tag und meistens noch sonntagsmorgens. Viel Freizeit blieb nicht, trotzdem haben wir oft abends noch zusammen gefeiert und gegenüber in der Kneipe ein Bier getrunken. Für uns war das ganz wichtig, für Magnus nicht, er konnte nichts vertragen: zwei Korn, zwei Bier, und dann musste er sofort ins Bett. Wenn wir um 22 Uhr anfingen zu feiern, musste er nach Hause. Schlimm für uns: Er war vom ersten Tag an morgens immer da. Das war auch seine Stärke: Die Firma ist sein Leben lang immer an erster Stelle gewesen, danach kam alles andere. Er hat viel dafür getan, dass der Seniorchef immer mit ihm zufrieden war. Erfolg war immer sein Antrieb.

Dass Magnus Geschäftsführer wurde, hat nicht

er selbst, sondern der andere Schwiegersohn angestrengt. Dieter wollte nur den Autobetrieb haben, und so bekam Magnus, ohne viel dazu zu tun, alles andere und nahm sich vor, den Betrieb großzumachen und etwas Eigenes aufzubauen.

Sein Bestreben war immer: Das soll mal meine Firma werden. Um Frau Böning, die sehr alt geworden ist, hat er sich später, als sie Witwe war, sehr viel gekümmert, obwohl sie ihn zwischendurch bei der Scheidung nicht so gut leiden konnte. Da war sie rigoros. Aber Magnus hat es verstanden, sie mitzunehmen. So konnte er später auch den Namen der Firma ändern. Ich hab damals nicht geglaubt, dass er es hinbekommt, aber aus Fribö wurde dann gegen alle Widerstände schließlich doch Barghorn.

Er ging morgens durch die Firma, um allen einen guten Morgen zu wünschen, aber wohl auch, um zu sehen, ob alle pünktlich da sind. Manchmal hat er auch die Kranken zu Hause besucht. Er war immer bei seinen Leuten. Manche Entscheidungen trifft er auch sehr spontan. Deshalb hab ich lieber im Voraus immer alles mit ihm besprochen. Magnus hat sich gerne verschiedene Meinungen im Betrieb angehört, um die Leute dann am Schluss möglichst von seiner zu überzeugen. Teilweise waren wir auch mal froh, wenn er beim Fußball war. Die vielen Vereinskontakte waren gut fürs Unternehmen. Den Fritz Böning kannte ganz Brake, früher wurden die Aufträge in der Gaststätte beim Bier geschlossen. Magnus kann zwar nicht trinken, aber er kann auch gut mit anderen Leuten umgehen und sie ins Boot holen. Dass wir schwierige Kunden nicht bedient haben, gab es für uns nicht. Aber: Hübsche Frauen konnten Magnus immer schon alles aufschwatzen und ihn becircen. Das war seine schwache Seite, da konnte er ganz schlecht widerstehen. Seine stärkste Eigenschaft: Er kann sehr gut organisieren, wenn er sich einmal etwas in den Kopf gesetzt hat. Und hinterher haben alle das Gefühl: Wir haben das zusammen geschafft. Wir können etwas erreichen. Sein ganzes Lebensziel: Nur wer Erfolg hat, ist auch glücklich."

Das Telefon klingelt, Lilo Barghorn und Annegret warten schon im Culinaria. Fritz Fasting verabschiedet sich. Er fastet.

Magnus F. Barghorn hat wieder vorausschauend Essen für alle vorbestellt: Eine gigantische Seezunge ragt neben Pastinaken und Kartöffelchen über den Tellerrand. Annegret, die jüngste Schwester, Lilo, Magnus Barghorn und ich lassen es uns schmecken. „Annegret war die erste aus der Familie, die ich kennen gelernt habe", erzählt Lilo. „Sie hat mich von oben bis unten angeguckt und gefragt: ‚Sie wollen zu Magnus Barghorn?‘ Ihr habt von ihm ja immer zu hören bekommen, dass ihr schlank sein müsst, und ich hatte Größe 42", lacht sie.

„Ich wog mal 70, und jetzt wiege ich 100", gibt Magnus offen zu. „Ich esse nicht viel, aber immer, wenn ich Appetit habe, dann belohne ich mich." Er schmunzelt.

„Die Methode von Fritz Fasting ist Intervallfasten", necke ich ihn.

Lilo Barghorn erzählt: „Alle Barghornkinder sind auf dem Moor geboren, nur Annegret nicht. Als dann nach dem Krieg en vogue war, nicht mehr Plattdeutsch zu sprechen, hat meine Schwiegermutter die Kinder, die mit Plattdeutsch großgeworden sind, auch auf Plattdeutsch angesprochen, die anderen auf Hochdeutsch. Das konnte sie im fliegenden Wechsel, kreuz und quer durcheinander, unvorstellbar. Von ihr hab ich Plattdeutsch gelernt, ich hab sie hoch verehrt und heiß geliebt."

„Und ich hatte ein ähnliches Verhältnis zu Lilos Mutter", ergänzt Magnus.

„Wir halten alle zusammen", sagt Annegret. „Jetzt leben noch sechs von uns. Zwei sind leider krank."

Wir genießen das hervorragende Essen, konzentriert darauf bedacht, die Seezunge vorsichtig und vollständig zu entgräten. Magnus F.

Barghorn kommt wieder auf das Buch, das seine Enkelin ihm geschenkt hat, zu sprechen. Lilo Barghorn konnte bisher für Einträge keine Zeit finden. „Sarah hat von mir schon sehr viel erzählt bekommen, am liebsten hört sie immer wieder die Geschichten aus dem Internat, die schönste Zeit meines Lebens", sagt sie.

Die Teller werden abgetragen, Magnus F. Barghorn lädt uns großzügig ein und organisiert den weiteren Verlauf des Tages: Er fährt nach Hause und wartet dort auf Peter Oberegger, Lilo geht rauchen, ich spreche mit Annegret.

Annegret Berg vertritt im Buch die Stimme der Kindheitsfamilie von Magnus F. Barghorn und erzählt: „Wir sind alle hier in der Nähe geblieben. Ich bin immer für meine Geschwister da und mach auch alles. Magnus hatte immer eine Extraposition in der Familie. Wir wohnten in einem kleinen Haus und mussten uns mit ein paar

Geschwistern ein Zimmer teilen, aber er hatte das Zimmer, in dem auch ein großer Schreibtisch war, für sich allein, zum Lernen und später auch zum Studieren. Wir waren nicht neidisch, das war für uns selbstverständlich. Er war immer fleißig. Das ist so. Magnus hat viel aus sich gemacht.

Als er Lilo kennen gelernt hat, hat er für ihren Vater eine Zeichnung gemacht, für die er kein Geld wollte, sondern einen Kühlschrank für unsere Mutter." Vor Rührung steigen ihr die Tränen in die Augen. „Ja, das fand ich sehr schön. Wir mussten alle mithelfen, im Garten, beim Schlachten, jeder hatte seine Arbeit. Zu helfen war selbstverständlich. Meine Eltern haben viel geschafft mit zehn Kindern: erst ein kleines Haus, später ein größeres, in dem jeder ein Einzelzimmer hatte. Sie haben tüchtig gespart. Wir hatten ja nie Urlaub, aber bei der Mutter meiner Mutter war ich ganz gerne. Wir bekamen von allen Hilfe und hatten immer genug, auch nach dem Krieg.

Magnus ist acht Jahre älter als ich, er war viel weg, zum Studium und als Bademeister. Bei ihm hab ich in Bad Zwischenahn Schwimmen gelernt, da durfte ich eine Woche dort wohnen, ein Highlight.

Magnus hat bei Lühring Schiffbauer gelernt und als Einziger von uns Geschwistern studiert. Unsere Mutter hat immer alles eingeweckt und ihm Essen mitgegeben, so ist er gut über die Runden gekommen.

Wir haben alle einen Beruf gelernt und geheiratet. Nur Magnus konnte sich bei Frauen nicht wirklich festlegen, da hat er auch viel Mist gemacht. Schön, dass er mit Lilo immer noch ein gutes Verhältnis hat." Sie lacht. „Ich weiß nur: Für seine Mutter hätte er alles gegeben. Er wollte ihr noch ein neues Haus planen, aber damit war sie nicht einverstanden."

Lilo kommt zurück, bestellt für alle Kaffee. „Die Geschwister haben alle normale Namen und Handwerksberufe, nur Magnus tanzt aus der Reihe", erzählt sie. „Magnus studierte und wurde von Mutti verwöhnt. Alle mussten auf den Acker zum Arbeiten, nur Magnus nicht."

„Der musste ja auch lernen", stimmt Annegret zu. „Magnus hat mir erzählt, dass es in seiner Studienzeit ein Weihnachten gab, an dem alle Geschwister zusammen ausgingen, weil ja alle Geld verdienten. Nur er nicht. Darüber war er sehr traurig", weiß Lilo. „Ich glaube, sie haben ihm seinen Sonderstatus einmal heimgezahlt."

Lilo erinnert sich an den letzten Abend mit ihrer Schwiegermutter beim Grog, daran, dass sie ihre Handtasche vergessen hat und wieder umkehren musste, dass ihre Schwiegermutter schon mit der Handtasche am Tor auf sie gewartet hat und beide sich noch mal fest umarmen konnten. Am nächsten Morgen lag ihre Schwiegermutter mit einem Lächeln auf den Lippen tot im Bett. „Eine phantastische Frau. Ich vermisse sie bis heute", schließt sie. „Er hat seine Mutter über alles verehrt, und das nach ihrem Tod auf meine Mutter übertragen."

„Magnus hat mir geholfen, dass ich dort in der Telefonzentrale arbeiten konnte. Er lässt schon seine Kontakte spielen, wenn man ihn braucht", fällt Annegret ein.

„Besonders Bedürftigen und Jugendlichen hat er viel geholfen", ergänzt Lilo. Er ist immer mitten drin, bringt Menschen zusammen, fördert sie, auch getrieben von dem Bedürfnis nach Anerkennung. Darin sind sich beide einig. Die Zeit ist vorangeschritten. Wir brechen auf.

Peter Obberegger wartet bereits, als wir ins Haus zurückkommen. „Wo soll ich sitzen?", frage ich. „Da", zeigt Magnus F. Barghorn, „die nächsten Jahrzehnte ist das Ihr Platz." Er kann es nicht lassen, und das mit 84 Jahren.

„Da kann man sich immer noch etwas abgucken", meint Peter Oberegger. Obwohl sein 40. Hochzeitstag ist, ist er gekommen, denn „Magnus ist einer meiner besten Freunde", beginnt er. „Mit 12

Jahren bin ich in den Fußballverein eingetreten, da war Magnus Mitte Dreißig. Er kennt mich also seit über 50 Jahren, extrem gut kennen wir uns seit 1986.

Ich weiß noch, dass man natürlich zu so einem Mann, der einen Betrieb leitete und mehr als erfolgreich war, aufgesehen hat. Das hat bei ihm nie eine Rolle gespielt, ob jemand 10, 20 oder 30 Jahre alt ist – für ihn alles junge Leute – er hat immer noch den Draht und ein offenes Ohr. Was ihn auszeichnet: Er stellt nie seinen Namen in den Vordergrund. Das hat mich in jungen Jahren schon stark beeindruckt: Man konnte ihm die Hand geben, und er sagte: ‚Ich bin Magnus, im Sport siezt man sich nicht‘, obwohl dieser Name schon damals zu den Top Ten in Brake gehörte. Was den Sport angeht, ist er ein normaler, bescheidener und zurückhaltender Mensch.

Er kann auch anders. Ich habe die Firma als Versicherungsmakler komplett beraten, deshalb weiß ich: In der Firma war Magnus F. Barghorn morgens der Erste, abends der Letzte und gratulierte jedem Mitarbeiter zum Geburtstag.

Er hatte im Fußballverein VFL Brake, jetzt SV Brake, immer das Bestreben, den Verein voranzubringen, hat deutschlandweit den ersten Kunststoffrasen dort verlegt, überlegt immer, wie man es den Spielern und Zuschauern schönmachen kann. Beim Eröffnungsspiel war Uwe Seeler auch dabei, da sieht man schon, welche Nummer Magnus geschoben hat. Das hat beeindruckt.

Wir können immer offen reden, uns auch mal in die Haare kriegen und wieder versöhnen. Das schweißt zusammen. Manches setzt er auch hart durch, weil er weiß, es ist richtig, wie z.B. den Kunstrasen. Wir haben viele Erfolge als Nummer 1 im Landkreis Wesermarsch gefeiert, aber Magnus als Präsident ist über diesen Landkreis hinaus durch die Presse in Niedersachsen bekannt. Durch Banden-Werbung im Stadion hat er dem Verein viele Einnahmen verschafft.

Magnus macht immer noch etwas im Verein, seit Wochen bastelt er mir zuliebe an einer Tribüne. Er ist ein positiv Verrückter, rennt los und macht und macht. Seinen Schwimmclub in Bad Zwischenahn hat er auch nie vernachlässigt, der Kontakt ist geblieben, man trifft sich. Freundschaften, die ihm wichtig sind, pflegt er immer weiter.

Magnus hatte eine Vision, als er ein neues Stadion bauen wollte, zu seinem 75. Geburtstag hat er Spenden gesammelt und alles vorbereitet. Die Stadt wollte das nicht, wir werden eben von Beamten regiert, Magnus hat einen Kampf gegen Windmühlen geführt. Aber als Löwe lässt er natürlich nicht locker, er ist ein Wadenbeißer. Wer sich 50 Jahre für den Verein so engagiert, der kann auch liebend gerne einem Barghorn-Stadion seinen Namen geben.

Wenn ich kein Mann wäre, würde ich sagen: Sportlich bin ich in ihn verliebt. Er gibt immer alles, hat ein großes Herz, ist ein großer Gönner, immer auf Augenhöhe, egal, mit wem. Er kommt aus bescheidenen Verhältnissen, ist bei allem Erfolg bodenständig geblieben und hat das Herz am rechten Fleck. Welchen besseren Freund kann man sich vorstellen? Die Loyalität und Aufrichtigkeit, die ich von jungen Jahren an bei Magnus erlebt habe, haben mich selbst nicht nur im Sport, sondern auch im Beruf geprägt. Ich bekomme viel dafür zurück. In dem Sinne hat Magnus etwas vorgelebt, für das ich ihm sehr dankbar bin."

Aus dem Herzen gesprochene Worte, denen nichts hinzuzufügen ist, denke ich.

Magnus F. Barghorn ist in der Mitte des Sommers geboren, als mittleres Kind einer großen Geschwisterschar, ein Mensch, der im Zentrum der Fülle steht, der sich das Leben greift, wie ein Löwe seine Beute schlägt, der Menschen um sich schart, fördert und miteinander verbindet, und dem Erfolg im Leben für sich und andere bedeutet, immer an die eigene Tatkraft zu glauben, positiv und zuversichtlich vorwärtszugehen, und immer mehr auch den kostbaren Moment der Gegenwärtigkeit zu genießen.

Er ist und bleibt: mitten drin.

Anhang

Lilo Barghorns Rede zum Generationswechsel im Oktober 2001:

„Sehr verehrte Damen und Herren, liebe Familie, gestatten Sie mir am heutigen Tage ein paar persönliche Bemerkungen.

Rolf ... sollte ich heißen und der ersehnte Nachfolger für das neu gegründete Unternehmen werden. Nach meiner Geburt war klar, daraus wird nichts. Aber so schnell wurde nicht aufgegeben. Man versuchte es mit Stabilbaukasten, Dampfmaschine und Eisenbahn als Spielzeug, was mir sehr viel Freude machte, aber zur Geschlechtsumwandlung nicht so recht beitragen wollte. Später dann, in Lederhose oder Drillichanzug wurde ich in allen handwerklichen Details unserer Firma unterrichtet – auch mit viel Freude. Aber mit 13 war es klar: Sie ist ein Mädchen und sollte sich jetzt auch gefälligst so benehmen. Die Taktik wurde geändert: ‚Wenn du groß bist, musst du einen Ingenieur heiraten.'

Mit 18 war es dann so weit: Durch einen Autokauf lernte ich Magnus kennen und stellte ihn meinem Vater vor.

‚Was sind Sie von Beruf?‘, war seine erste Frage.

‚Schiffbauingenieur!‘, war die prompte Antwort.

Vater nahm Magnus in den Arm, marschierte mit ihm über den Hof, und ich wie doof hinterher.

‚Wenn du Ingenieur bist, mein Junge, dann kannst du doch auch sicherlich eine Statik machen?‘

‚Ja, das kann ich.‘

‚Gut, am nächsten Wochenende musst du die fertighaben, geht das?‘

‚Ja, das geht.‘

‚Was willst du dafür haben?‘

‚Einen Kühlschrank für meine Mutter.‘

Ja, meine Damen und Herren, das waren die wenigen, aber markanten Sätze, die die Nachfolge in dem Moment regelten. Bereits ein dreiviertel Jahr später trat Magnus in unsere Firma ein, die wir gemeinsam am 1.1.1972 übernommen haben.

Vier Wochen später verstarb viel zu früh seine wunderbare Mutter, und Magnus übertrug seine Liebe, Achtung und Fürsorge, die er für sie hatte, auf meine Mutter, wofür ich dir ganz besonders danken möchte.

Seine Arbeit, seine Kraft und seine Gedanken gehörten von nun an nur noch der Firma und – wenn Zeit dafür war – dem VfL.

Die Familie kam hoffnungslos zu kurz!

Umso erstaunlicher war es, als Gunnar sich mit 13 Jahren, nachdem wir gerade am Mittagstisch den beruflichen Werdegang von Susanne besprochen hatten, zu Wort meldete und Folgendes der erstaunten Familie servierte: ‚Also, falls es jemanden interessiert, was ich mal werden möchte? Ich mache mein Abitur, dann gehe ich nach Amerika, dann mache ich eine Lehre und dann studiere ich Ingenieur und 2000 übernehme ich die Firma. Was sagt ihr nun?'

Wiederum sehr markante Sätze, die die nächste Nachfolge regelten.

Fast so alt wie das Unternehmen, habe ich jetzt den Generationswechsel zwischen Vater und Sohn mit Spannung verfolgt und begleitet, wie schon vor 30 Jahren zwischen meinem Vater und Magnus. Es macht mich stolz und glücklich, mit wie viel Respekt und Toleranz dies beide Male vor sich gegangen ist.

Meinem Vater zolle ich Bewunderung für die ersten 30 Jahre, Magnus danke ich für die letzten 30 Jahre, und dir, Gunnar, wünsche ich viel Glück für die kommenden 30 Jahre.

Das Herz dieses Unternehmens ist die Familie, und ich hoffe und wünsche, dass es immer so bleiben möge.

Vielen Dank."

Einladung zum 75. Geburtstag am 14.8.2011 mit Spendenaktion für die Vision der neuen Barghorn-Arena

EINLADUNG

Magnus F. Barghorn 75

Die Autoren

Magnus F. Barghorn

Magnus F. Barghorn blickt in diesem Buch auf sein reiches und erfülltes Leben zurück, das den erfolgreichen Unternehmer von seiner ganz privaten Seite zeigt.

Stimmen aus seiner Familie und dem Freundeskreis ergänzen und beleuchten das Bild eines Mannes, der mit seiner Wesensart aus dem Füllhorn des Lebens schöpft – nicht nur positiv, zielstrebig, erfolgreich, sondern auch warmherzig, unterstützend und großzügig.

Magnus F. Barghorn, Jahrgang 1936, lebt in Brake und hat fünf Kinder und sieben Enkelkinder.

Dr. Heike Jacobsen

Dr. Heike Jacobsen vereint in sich einen künstlerischen, wissenschaftlichen, sozialen und spirituellen Ausbildungs- und Erfahrungsschatz.

Mit ihren charakteristischen biografischen Unternehmer-Website-Porträts und Porträtbüchern setzt sie im deutschsprachigen Raum Menschen und ihr Lebenswerk exklusiv, individuell und emotional ansprechend ins rechte Licht, bringt ihr Wesen zum Ausdruck und sorgt so für Ansehen, Bedeutung und Würdigung. Dr. Heike Jacobsen, Jahrgang 1963, lebt in Essen. www.dr-heike-jacobsen.de

Dank

Vielen lieben Dank meiner Enkelin Sarah, die mit ihrem Erzählbuch den Anstoß dazu gegeben hat, dieses Buch in Angriff zu nehmen. Ich hoffe, dass sie hier noch mal ein bisschen mehr aus meiner eigenen Erinnerung und der Sicht anderer über Opa Magnus erfahren hat.

Ganz besonders danke ich auch all den Freunden und Familienmitgliedern, die sich die Zeit genommen haben, hier etwas darüber zu erzählen, wie sie mich kennen und erleben – in der Reihenfolge ihres Auftretens: Rainer, Lilo, Bennet, Fritz, Annegret und Peter.

Und ich danke Frau Dr. Jacobsen für die angenehmen Gesprächsrunden, in denen die Zeit im Nu verflogen ist. Ihre einfühlsame und gekonnte Art, in unserer Begegnung das Wesentliche zu erkennen und die Höhen und Tiefen in meinem Leben so schön in Worte zu fassen, dass ich mich gut gesehen fühle, schätze ich sehr.

(Magnus F. Barghorn)

Soweit das Dankeswort.

„Super, super, super, das haben Sie ganz toll gemacht!", sagt er am Telefon nach der ersten Lektüre des Manuskripts. „Ein paar Fotos können noch rein, also Sie müssen auf jeden Fall noch mal kommen! Und vor allem: Das Dankeswort müssen Sie schreiben, ich würde sonst schreiben: ‚Ich liebe diese Frau!'"

Das ist Magnus F. Barghorn, wie er leibt und lebt – enthusiastisch, herzlich, mitreißend.

Zeitfracht Medien GmbH
Ferdinand-Jühlke-Straße 7
99095 Erfurt, Deutschland
produktsicherheit@kolibri360.de